Anneli Billina / Susanne Geiger / Marion Techmer

Deutsch üben

Wortschatz & Grammatik C1

Hueber Verlag

Quellenverzeichnis:
Coverfoto: © jackfrog – stock.adobe.com
Illustrationen: Irmtraud Guhe, München
S. 24–27: Vollwertig essen und trinken nach den 10 Regeln der DGE, © Deutsche Gesellschaft für Ernährung e.V., Bonn

6. 5. 4. | Die letzten Ziffern
2027 26 25 24 23 | bezeichnen Zahl und Jahr des Druckes.
Alle Drucke dieser Auflage können, da unverändert, nebeneinander benutzt werden.
1. Auflage

Umschlaggestaltung: Sieveking · Agentur für Kommunikation, München
Layout und Satz: Sieveking · Agentur für Kommunikation, München
Verlagsredaktion: Sonja Ott-Dörfer und Katharina Zurek, Hueber Verlag, München
Druck und Bindung: Friedrich Pustet GmbH & Co. KG, Regensburg
Printed in Germany
ISBN 978-3-19-727493-5

Art. 530_25934_001_04

Inhalt

Vorwort

Liebe Lernerinnen, liebe Lerner,

Deutsch üben Wortschatz & Grammatik C1 ist ein Übungsbuch für fortgeschrittene Deutschlernende mit Vorkenntnissen auf dem Niveau B2 zum selbstständigen Üben und Wiederholen.

Es eignet sich zur Vorbereitung auf einen Studien- oder Arbeitsaufenthalt in deutschsprachigen Ländern und zur Aufrechterhaltung und Vertiefung vorhandener Sprachkenntnisse. Mit Wortschatz & Grammatik C1 können Sie Kurspausen überbrücken oder sich auf die Prüfungen der Niveaustufe C1 des Gemeinsamen Europäischen Referenzrahmens vorbereiten.

Deutsch üben Wortschatz & Grammatik C1 orientiert sich an den gängigen C1-Lehrwerken und Prüfungsinhalten. Die abwechslungsreichen Wortschatz- und Grammatikübungen gehen auf gesellschaftlich relevante Themenbereiche ein, die für die Stufe C1 vorgesehen sind.

In *Deutsch üben* Wortschatz & Grammatik C1 finden Sie:

- vielfältige Übungen zu Wortschatz und Grammatik,
- authentische Situationen mit Dialogen und Textsorten aus dem Alltags- und Arbeitsleben,
- zahlreiche Grammatik-Tipps,
- praktische Lernwortschatz-Boxen,
- viele auflockernde Illustrationen und
- einen übersichtlichen Lösungsteil zur Selbstkontrolle.

Viel Erfolg mit *Deutsch üben* Wortschatz & Grammatik C1!
Autorinnen und Verlag

Abkürzungen:

Pl.	Plural
Akk.	Akkusativ
Dat.	Dativ
Gen.	Genitiv
Präp.	Präposition
ugs.	umgangssprachlich
etw.	etwas
jdm	jemandem
jdn	jemanden

Teil 1 Wortschatz

A Kommunikation und persönliche Beziehungen

A1 Der erste Eindruck

Ergänzen Sie. Achten Sie auf die korrekte Form.

Wesen • überlebenswichtig • Tonfall • zutreffend • vorhersehbar • kompetent • umfassen • viel zitiert • Gestik • zitieren • evolutionär • täuschen • überschätzen • ~~nahezu~~ • prägen • einschätzen • gerechtfertigt • ersparen • bestätigen

Laut einer Studie des Max-Planck-Institutes für Wirtschaft dauert es nur 150 Millisekunden bis wir von unserem Gegenüber unbewusst den ersten bleibenden und (1) *nahezu* unveränderlichen Eindruck haben: sympathisch, (2) ________________, glaubwürdig, vertrauenswürdig oder eben nicht.

Was (3) ________ diesen ersten Eindruck? Laut einer (4) ______________________ Studie des amerikanischen Psychologieprofessors Albert Mehrabian entscheiden zu 55 Prozent die Körpersprache ((5) __________, Mimik, Körperhaltung und Bewegungsabläufe), zu 38 Prozent die Stimme ((6) ___________, Betonung, Artikulation) und nur zu 7 Prozent der Inhalt über die Wirkung unserer Worte. Da die Probandengruppe nur 20 Studenten (7) ______________, ist die Studie, so oft sie auch erwähnt und (8) ___________ wird, wissenschaftlich umstritten. Doch auch neuere Untersuchungen (9) _________________, dass wir beim ersten Eindruck in Sekundenschnelle primär anhand der äußeren Erscheinung auf das (10) _________ eines Menschen schließen. Laut den US-Forschern Janine Willis und Alexander Todorov sind wir, wenn wir mehr Zeit für unser Gegenüber haben, von unserer ersten Einschätzung überzeugter, sie fällt aber nicht bedeutend anders aus. Die Forscher vermuten, dass unser Gehirn eine (11) ___________________ entwickelte „Schnelltestfunktion" für das Erkennen von Vertrauenswürdigkeit besitzt, denn in der Savanne war es (12) ______________________________, schnell und sicher zu entscheiden, ob der Mensch, der mir entgegenkam, mir Böses will oder nicht. Doch reichen wenige Sekunden, um eine Person (13) _________________ beurteilen zu können? Laut Prof. Dr. Daniel Leising ja und nein, denn das zukünftige Verhalten ist nicht (14) ____________________

und wir tendieren dazu, die Genauigkeit unserer Eindrücke zu (15) ________________.
Wir lassen uns auch von Menschen (16) ________________, die anderen etwas zu ihrem eigenen Nutzen vorspielen. Leising verweist auf Politiker, die ihre Anhängerschaft glauben lassen, dass sie etwas für deren Wohlergehen tun, oder auf Heiratsschwindler, denen auf den Leim gegangen wird. Wer sein Gegenüber gut (17) ________________ kann und gute Menschenkenntnis besitzt, kann sich beruflich und privat menschliche Enttäuschungen (18) ________________. Wir sollten jedoch unseren unbewussten Eindruck bewusst hinterfragen und nach Informationen suchen, die ihm widersprechen. Nur so können wir erfahren, ob unser erster Eindruck wirklich (19) ________________ ist.

A2 Charaktereigenschaften und Werte

Ergänzen Sie. Achten Sie auf die korrekte Form.

Moral • obszön • ~~gewissenhaft~~ • sich fremdschämen • unterstellen • bestechlich

1. Ich finde, dass der neue Volontär sehr zuverlässig und *gewissenhaft* arbeitet.
2. Gegen die herrschende __________ verstoßen, bedeutet, Werte, die das zwischenmenschliche Zusammenleben regulieren, zu missachten.
3. Er hatte während der Weihnachtsfeier zu tief ins Glas geschaut und ______________ Witze gemacht, die so peinlich waren, dass wir alle ________________________.
4. Man ________________ ihm, dass er geheime Unterlagen weitergegeben hatte.
5. Sie bekam die Baugenehmigung vermutlich nur, weil jemand ________________ war.

die Artikulation (-en) • die Betonung (-en) • die Gestik • die Mimik • der Proband (-en) • der Tonfall (¨-e) • der Volontär (-e) ■ (sich) überschätzen • zitieren ■ evolutionär • gerechtfertigt • glaubwürdig • kompetent • überlebenswichtig • vertrauenswürdig • viel zitiert ■ sich Enttäuschungen ersparen • jdn glauben lassen • zu tief ins Glas schauen • jdm auf den Leim gehen • gegen die (herrschende) Moral verstoßen • auf etw. schließen • jdm etw. unterstellen • umstritten sein

A3 Kontaktaufnahme und äußere Erscheinung

Was passt nicht? Streichen Sie.

1. Ich saß im Hörsaal, mein Blick *schweifte/schaute* durch die Reihen. Er blieb an einem jungen Mann hängen. Ich fand ihn *auf Anhieb/flugs* anziehend. Er sah total sympathisch aus mit seinem breiten Grinsen und den *Falten/Grübchen* im Gesicht.

2. Er wollte weder *overdressed/extravagant* noch underdressed zum Bewerbungsgespräch erscheinen und entschied sich, einen grauen Anzug mit einem *auffälligen/dezenten* einfarbigen Hemd zu tragen. Beim Herrenausstatter achtete der Verkäufer darauf, dass die Ärmel des Jacketts am *Daumenansatz/Handgelenk* endeten, dass das Hemd noch einen Zentimeter überstand und die Anzughose bis zum *Schnürsenkel/Schuhabsatz* reichte. Er war froh über die Beratung, denn einen Anzug hatte er zuletzt bei seiner *Taufe/Konfirmation* getragen.

3. Der Berater riet den *Kommilitonen/Job-Aspiranten*, beim Bewerbungsgespräch auf geputzte Schuhe mit *schiefen/intakten* Absätzen zu achten. Er wies auch darauf hin, dass die Kleidung *fleckenlos/geflickt*, gebügelt, frisch gereinigt und modisch sein sollte, denn *Nachlässigkeit/Freizügigkeit* bei der Kleidung würde mit beruflicher Nachlässigkeit assoziiert. Als er, zu den Damen gewandt, anführte, dass Miniröcke und *tiefe/geschlossene* Dekolletés tabu seien, die Schuhe nicht zu hochhackig und der Schmuck nicht zu *protzig/billig* sein sollte, zogen die anwesenden Frauen entnervt die *Augenbrauen/Wimpern* hoch und fühlten sich wie Schulmädchen behandelt.

Wichtige Wörter und Wendungen

der Absatz (¨-e) • der (Job-)Aspirant (-en) • das Dekolleté (-s) • die Freizügigkeit (-en) • das Grübchen (-) • der Kommilitone (-n) • die Konfirmation (-en) • die Nachlässigkeit (-en) • der Schnürsenkel (-) ■ dezent • extravagant • flugs • geflickt • intakt • protzig • tabu ■ auf Anhieb • die Augenbrauen hochziehen • den Blick schweifen lassen

A4 Noch mehr Charaktereigenschaften

Wie heißen die Adjektive? Ergänzen Sie. Achten Sie auf die korrekte Form.

wissbegierig • impulsiv • fürsorglich • charismatisch • eitel • idealistisch • bodenständig • introvertiert • ausgeglichen • ~~agil~~ • emanzipiert • zynisch

1. Die 83-Jährige war trotz ihres hohen Alters körperlich und geistig sehr _agil_.
2. Es war schwierig, mit ihm einen netten Smalltalk zu führen, denn er war vom Charakter her sehr __________.
3. Sie war sehr temperamentvoll und reagierte manchmal __________.
4. Er ist ein sehr __________ Vater, der sich liebevoll um seine Kinder kümmert.
5. Ich finde, dass er zu großen Wert auf Äußerlichkeiten legt und ganz schön __________ ist.
6. Die Bewerberin war sehr __________, ihre positive Ausstrahlung hat uns allen gefallen.
7. Er hat keine verrückten Ideen, er ist sehr __________.
8. Sie engagiert sich sehr stark für den Umweltschutz und ist wirklich __________.
9. Sie war eine selbstständige und __________ Frau, die sich nicht von alten Rollenbildern beeinflussen ließ.
10. Er ist gefühllos, mitleidslos und __________: ein Unsympath wie er im Buche steht.
11. Es freute sie, dass ihre Enkeltochter so interessiert und __________ war.
12. Er war durch nichts aus der Ruhe zu bringen, er hat einen sehr __________ Charakter.

Wichtige Wörter und Wendungen

der Unsympath (-en) *(ugs.)* ■ agil • ausgeglichen • bodenständig • charismatisch • eitel • emanzipiert • idealistisch • impulsiv • introvertiert • temperamentvoll • wissbegierig • zynisch ■ im Buche stehen • Wert auf etwas legen

A5 Damit die Liebe bleibt: miteinander reden lernen

Ergänzen Sie. Achten Sie auf die korrekte Form.

Begrüßungsritual • sich mitteilen • Nähe • Verhaltensweise • Scheidungsrate • Trauschein • Verständnis entwickeln • Gesprächsfertigkeiten vermitteln • Staatsministerium • Zuneigung • austauschen • sich ergeben • Bedürfnis • wertschätzend • belegen • reflektieren • unerfüllte Erwartung • ~~ewig~~ • aufsummieren • stärken • Krise überstehen • Vorwurf

Lebenslang ein glückliches Paar bleiben, diese (1) *ewige* Liebe wünschen sich Paare, doch die Realität sieht leider oft anders aus. Über 40 Prozent der Ehen werden geschieden und diese Zahlen sind auch bei Paaren ohne (2) ________________ nicht besser. Damit Beziehungen (3) ________________________ und in der Beziehung Freude und (4) ________________ erhalten bleiben, gibt es ein am „Institut für Forschung und Ausbildung in Kommunikationstherapie e.V." entwickeltes Kommunikationstraining, das sogenannte EPL (Ein Partnerschaftliches Lernprogramm), das unter anderem vom Bayerischen (5) ____________________________ für Arbeit und Sozialordnung, Familie und Frauen gefördert wurde. Bei diesem Training können Paare entdecken, wie man gegenseitiges (6) __________________ füreinander ________________, Missverständnisse vermeidet und Konflikte fair lösen kann. (7) __________________________________ werden ________________, um eine Konfliktfähigkeit der Paare zu entwickeln und die Zufriedenheit mit der Paarbeziehung zu (8) ____________. Auch wird den Paaren im Lernprogramm viel Zeit gegeben, sich über ihre (9) __________________, Wünsche und Vorstellungen zu ihrer Beziehung (10) ____________________.

Dass die erlernte Gesprächskultur Paaren hilft zusammenzubleiben, (11) ________ wissenschaftliche Langzeitstudien: Bei einer 5-Jahresstudie lag die (12) ________________ bei Paaren mit EPL-Training bei 4 Prozent, bei der Kontrollgruppe bei 23 Prozent. Bei einer 11-Jahres-Studie (13) ____________ eine Scheidungsrate von 27,5 Prozent für Paare mit Kommunikationstraining, bei der Vergleichsgruppe ohne EPL lag sie bei 52,6 Prozent. Wie können Paare sich davor schützen, dass im Beziehungsalltag die (14) ________________ störenden Kleinigkeiten, Streitereien und (15) ________________________ nicht zur großen Beziehungskrise werden? Welche Regeln und (16) ________________ helfen, Beziehungskrisen zu überstehen? Da wäre zum einen ein alltäglich gepflegter liebevoller und (17) __________________ Umgang miteinander im Gespräch, sodass sich (18) ______ und Verständnis entwickeln können. In den Kursen wird dazu beispielsweise die Gesprächsfertigkeit des Ausdrückens in Ich-Botschaften statt in (19) ____________ geübt. Zu einer guten Gesprächskultur gehört, dass der eine spricht, der andere zuhört und anschließend zusammengefasst wiedergibt, was er verstanden hat. Ist die Beziehungskrise da, sollte sich jeder auch mit sich selbst auseinandersetzen und (20) ______________, was sein Anteil daran ist, dass das Zusammenleben als Paar nicht so wie gewünscht funktioniert. Paarberater empfehlen ein (21) ____________________, denn sich erst einmal umarmen, sich vielleicht hinzusetzen und zu erzählen, wie der Tag so war, kann helfen, dass man sich wieder als Paar aufeinander bezieht. Eine liebevolle, wertschätzende Gesprächskultur mit wirklichem Interesse, (22) ______ dem anderen ______________ und sich ihm gegenüber zu öffnen, hilft, dass eine Beziehung auch Krisen übersteht und die Liebe bleibt.

Wichtige Wörter und Wendungen

das (Staats-)Ministerium (-ien) • das Ritual (-e) ■ sich ergeben • sich mitteilen ■ (auf-) summiert • wertschätzend ■ (sich) austauschen über (+ *Akk.*) • eine Fähigkeit entwickeln • eine Fertigkeit vermitteln • eine Krise überstehen • eine Studie belegt • Verständnis für jdn/etw. entwickeln

A6 Körperbewegung und Kommunikation

Welche Reaktionen oder Gefühle drückt die Bewegung aus? Ordnen Sie zu.

1. Sie schüttelte nur den Kopf, [b]
2. Sie verzog keine Miene, [ ]
3. Alle nickten, [ ]
4. Alle spitzten die Ohren [ ]
5. Sie zwinkerte, [ ]
6. Er zuckte mit den Schultern, [ ]
7. Sie rollte mit den Augen, [ ]
8. Er sagte: „Halt die Ohren steif, das wird schon wieder.“ [ ]
9. Er ballte die Fäuste in der Tasche, [ ]
10. Die Kollegen lästerten, dass der neue Chef die Nase ganz schön hoch trägt, [ ]
11. Er lässt den Kopf hängen, [ ]

a) und hörten aufmerksam zu.
b) um abzulehnen, was man ihr angeboten hatte.
c) um zu zeigen, dass er die Antwort nicht wusste.
d) denn sie war genervt, von dem was er sagte.
e) denn sie wollte sich ihre Gefühle nicht anmerken lassen.
f) denn sie waren mit der Entscheidung einverstanden.
g) um ihm ein Zeichen zu geben.
h) um seine Wut zu verbergen.
i) Denn er wollte seinen Sohn ermutigen, sich nicht unterkriegen zu lassen.
j) da er mutlos ist.
k) da sie ihn für eingebildet und arrogant hielten.

Wichtige Wörter und Wendungen

jdn ermutigen • lästern *(ugs.)* • sich nicht unterkriegen lassen *(ugs.)* ■ mit den Augen rollen • die Fäuste ballen • den Kopf hängen lassen • keine Miene verziehen • die Nase hoch tragen • die Ohren spitzen • die Ohren steifhalten *(ugs.)* • mit den Schultern zucken

A7 Redewendungen, die Gefühle beschreiben

Mit welcher Redewendung werden die Gefühle beschrieben? Ordnen Sie zu.

1. traurig und enttäuscht sein
2. völlig erschöpft sein
3. sehr erleichtert sein
4. sich über etwas wahnsinnig ärgern
5. befürchten, dass eine positive Stimmung schnell kippen kann
6. etwas ist jemandem unheimlich

a) Mir ist ein Stein vom Herzen gefallen, als er die Prüfung bestanden hat.

b) Es gab in letzter Zeit keinen Konflikt mit der neuen Chefin, aber ich traue dem Frieden nicht.

c) Ich bin von der langen Autofahrt fix und fertig.

d) Ich gehe nachts nicht durch den Park, dort ist es mir im Dunkeln nicht geheuer.

e) Natürlich ist es frustrierend, eine Absage zu bekommen. Jetzt hör aber auf, Trübsal zu blasen. Es gibt noch andere gute Stellen für IT-Spezialisten.

f) Es fuchst mich, dass ich den Anmeldungstermin verpennt habe.

1	2	3	4	5	6
e					

Wichtige Wörter und Wendungen

fix und fertig sein *(ugs.)* • dem Frieden nicht trauen • es fuchst mich *(ugs.)* • etw. ist jdm nicht geheuer • ein Stein vom Herzen fallen • Trübsal blasen • etw. verpennt haben *(ugs.)*

B Wohnen

B1 Tipps für die erfolgreiche Wohnungssuche

Ergänzen Sie. Achten Sie auf die korrekte Form.

Bedenken • Zuschlag • Solvenz • Schufa-Auskunft • Gehaltsnachweis • Stellplatz • Budget • Kanal • begehrt • erhöhen • Präferenz • gründlich • Bleibe • schalten • posten • anlegen • Nutzer sein • Freundeskreis • ~~Ballungszentrum~~ • rechtzeitig • unter der Hand • parat • Bürgschaft • potenziell • signalisieren • herummäkeln • Internetportal • datenschutzrechtlich • ausschlaggebend

Wer in (1) *Ballungszentren* und in (2) ________________ Lagen eine Wohnung sucht, hat viel Konkurrenz. Wir geben Ihnen Tipps, wie Sie Makler und Vermieter von sich überzeugen und Ihre Chancen auf eine Zusage (3) ____________.

Die Suche (4) ________________ vorbereiten und Kompromisse machen

Beginnen Sie (5) ________________ damit, eine Wohnung zu suchen, mindestens vier bis sechs Monate vor dem gewünschten Umzugstermin. Prüfen Sie, ob Ihre Wünsche mit Ihrem festgesetzten (6) ____________ realisierbar sind. Machen Sie sich Gedanken darüber, wo Sie bereit sind, Kompromisse einzugehen. Wo liegen Ihre (7) ________________? Legen Sie Prioritäten fest: Ist Ihnen der Balkon oder das Tageslichtbad wichtiger als die Nähe zu Ihrer Arbeitsstelle oder eine gute Anbindung an öffentliche Verkehrsmittel?

Nutzen Sie alle (8) __________

Fragen Sie im Bekannten- und (9) ________________ und bei Ihren Arbeitskollegen nach einer passenden (10) ____________, denn viele Wohnungen werden (11) ________________ vergeben und nicht inseriert. Suchen Sie über (12) ________________ und lesen Sie Zeitungsannoncen. Wenn Sie trotz Datenskandal noch (13) ________________: (14) ____________ Sie Ihr Wohnungsgesuch in sozialen Netzwerken. (15) ____________ Sie bei Immobilienportalen und Maklern ein Profil ____ und geben Sie die gewünschte Wohnungsgröße, bevorzugte Lage, maximale Kaltmiete sowie die gewünschten Ausstattungsmerkmale wie Garten, Balkon,

(16) ______________ oder Keller an. (17) ______________ Sie auch selbst eine Zeitungsannonce, denn es gibt immer noch Vermieter, die die analoge Art der Mietersuche bevorzugen.

Haben Sie bei Besichtigungen alle Unterlagen (18) ________

Beim Besichtigungstermin sollten Sie alle notwendigen Unterlagen dabeihaben. Dazu gehören die letzten (19) ____________________________, eine Schufa-Auskunft und bei Auszubildenden eine (20) __________________ der Eltern. Auch wenn die Informationen (21) ____________________________________ nicht eingefordert werden dürfen, wer eine Wohnung mieten möchte, erhöht dadurch seine Chancen auf den (22) ______________, denn es wird immer Mitbewerber geben, die keine datenschutzrechtlichen (23) ______________ haben. Da der Eigentümer Interesse an den persönlichen Verhältnissen der (24) ____________________ Mieter hat, empfiehlt sich auch das Verfassen einer Kurzbewerbung mit Namen, Alter, beruflicher Situation und Familienverhältnissen. Eine vorbereitete Bewerbermappe, die Motivationsschreiben, Gehaltsabrechnungen und (25) __________________________ enthält, ist freiwillig, aber gern gesehen, und Sie bekunden dadurch Ihr ernsthaftes Interesse.

Hinterlassen Sie einen guten Eindruck

Um beim Besichtigungstermin einen guten Eindruck zu hinterlassen, sollten Sie sich darauf vorbereiten. Überlegen Sie sich Fragen, die Sie stellen wollen, um Ihr Interesse an der Wohnung zu (26) ______________________, denn für die Entscheidung, wer die Wohnung erhält, ist neben der (27) ____________ letztendlich die Sympathie (28) ____________________________. Wer an der Wohnung (29) ____________________, unhöflich oder unpünktlich ist, hat keine Chancen auf ein neues Zuhause.

Wichtige Wörter und Wendungen

das Ballungszentrum (...tren) • die Bedenken *(Pl.)* • die Bleibe (-n) • die Bürgschaft (-en) • der Gehaltsnachweis (-e) • die Präferenz (-en) • die Schufa-Auskunft (¨-e) • die Solvenz(-en) • der Stellplatz (¨-e) ■ herummäkeln *(ugs.)* ■ potenziell • datenschutzrechtlich ■ ausschlaggebend sein • eine (Wohnungs-)Annonce schalten • sich Gedanken machen (über + *Akk.*) • unter der Hand • Interesse bekunden/signalisieren

B2 Wie kann man Schimmelschäden vermeiden? Fragen an den Baugutachter Herrn Dr. Printz

Was passt nicht? Streichen Sie.

● Schimmelbefall ist nicht nur (1) *eklig/~~ungesund~~*, sondern auch gesundheitsgefährdend. Wie kann man Schimmelbildung (2) *behindern/verhindern*?

■ Der beste Schutz gegen Schimmel ist (3) *mäßiges/regelmäßiges* Lüften. Idealerweise sollte man drei- bis viermal am Tag mit weit geöffneten Fenstern, am besten mit Durchzug, lüften. Wenn Sie tagsüber (4) *präsent/abwesend* sind, sollten Sie mindestens morgens und abends lüften. Nach dem Duschen oder Kochen sollte die (5) *entstandene/gemachte* Feuchtigkeit nach draußen und nicht in andere Räume geleitet werden. Schimmelbildung wird auch dadurch vermieden, dass innerhalb der Wohnung Temperaturunterschiede von mehr als 5 Grad vermieden werden. Um auf Nummer (6) *sicher/gut* zu gehen, können Sie in einen (7) *Feuermelder/Hygrometer* investieren, der Alarm schlägt, wenn die Luftfeuchtigkeit in der Wohnung zu hoch ist.

● Was mache ich, wenn sich trotz aller Vorsichtsmaßnahmen Schimmel in der Wohnung (8) *angesammelt/gebildet* hat?

■ Der Schimmel sollte sofort (9) *abgetötet/übermalt* werden. Kleinere Stellen können Sie selbst z. B. mit Brennspiritus behandeln. Sie sollten bei der Entfernung aber immer (10) *Schutzmaßnahmen/Vorschriften* beachten: z. B. einen Mundschutz mit Feinstaubfilter verwenden, Handschuhe tragen und die Arbeitskleidung anschließend gründlich waschen. Sollte der Schimmel die Tapete (11) *befallen/besetzt* haben, wird generell empfohlen, sich an eine Fachfirma zu wenden. Sie können sich bei Detailfragen zu Schimmelbefall auch an die Verbraucherzentralen wenden. Dieses Beratungsangebot ist übrigens für (12) *vermögende/einkommensschwache* Haushalte, die Einkommensnachweise erbringen können, kostenlos.

Wichtige Wörter und Wendungen

der (Schimmel-)Befall • der Durchzug • der Feuermelder (-) • der Schimmel • die Schutzmaßnahme (-n) ■ befallen • lüften ■ einkommensschwach • gesundheitsgefährdend • vermögend ■ Alarm schlagen • auf Nummer sicher gehen • einen Nachweis erbringen

B3 Redewendungen mit Wortschatz rund ums Haus

Was bedeutet die Redewendung? Kreuzen Sie an. Beide Lösungen können richtig sein.

1. Sie ist ganz aus dem Häuschen.
   - ○ Sie ist unglücklich und frustriert.
   - ⊗ Sie ist vor Freude ganz aufgeregt.

2. Der Vertrag ist unter Dach und Fach.
   - ○ Der Vertrag wurde erfolgreich abgeschlossen.
   - ○ Der Vertrag ist in der Ablage.

3. Wir kommen in Teufels Küche.
   - ○ Wir bekommen ernsthafte Probleme.
   - ○ Wir geraten in eine schwierige Lage.

4. Male den Teufel nicht an die Wand.
   - ○ Schwöre nicht das Unglück herauf, indem du darüber sprichst.
   - ○ Sprich nicht über das Negative, sonst tritt es noch ein.

5. Sie sollte vor der eigenen Tür kehren, bevor sie andere kritisiert.
   - ○ Sie sollte sich um ihre eigenen Schwächen und Fehler kümmern, bevor sie andere kritisiert.
   - ○ Sie sollte ignorieren, dass andere vor ihren Häusern nicht kehren.

6. Ich möchte das nicht zwischen Tür und Angel besprechen.
   - ○ Ich möchte lieber, dass wir uns für das Gespräch Zeit nehmen.
   - ○ Ich möchte lieber, dass wir die Tür zumachen, wenn wir reden.

7. Er hat mit seiner Rede viel Staub aufgewirbelt.
   - ○ Er hat mit der Rede für große Aufregung gesorgt.
   - ○ Er war beim Vortragen so nervös, dass er stammelte.

Wichtige Wörter und Wendungen

für Aufregung sorgen • Empörung/Kritik hervorrufen • etw. ist unter Dach und Fach • ganz aus dem Häuschen sein *(ugs.)* • in eine schwierige Lage geraten • viel Staub aufwirbeln • in Teufels Küche kommen *(ugs.)* • den Teufel an die Wand malen • zwischen Tür und Angel • vor der eigenen Tür kehren • ein Unglück heraufbeschwören

B4 AAL – SmartHome für Senioren

Ergänzen Sie und achten Sie auf die richtige Form.

Entertainment • Bandbreite • Mobilität • Alarm • verriegeln • Weg weisen • umfassen • übermitteln • Fußbodenbelag • ~~Einschränkung~~ • Sturz • Bedarfsfall • Beeinträchtigung

AAL steht für „Ambient Assisted Living" (auf Deutsch: alltagstaugliche Assistenzlösungen für ein selbstbestimmtes Leben) und ist der neue Trend für Senioren. Er soll dieser immer größer werdenden Bevölkerungsgruppe auch bei körperlicher oder kognitiver (1) *Einschränkung* ein selbstständiges Wohnen ermöglichen. AAL (2) ____________ die Bereiche Energiemanagement, (3) ______________________ und Kommunikation, Gesundheit sowie Gebäudesicherheit und -automatisierung. AAL soll bei einfacher Bedienung altersentsprechende Unterstützung im (4) ______________ anbieten: zum Beispiel bei Vergesslichkeit, eingeschränkter (5) _______________ und verschlechtertem Sehen. Mit einem einzigen Knopfdruck könnten die Jalousien nach unten gehen, das Licht angemacht und die Haustür (6) ________________ werden. Die (7) _________________ der AAL-Produkte ist groß: Neben simplen Bewegungsmeldern oder dem automatischen Abschalten von elektrischen Geräten gibt es Armbanduhren, die Werte in regelmäßigen Abständen messen und an den Hausarzt (8) __________________. Es sind programmierte Pillendosen erhältlich, die mit einem (9) ________ an die Medikamenteneinnahme erinnern. Zur AAL-Produktpalette gehört auch ein (10) _______________________, der unter normalem Belag verlegt wird und u. a. (11) __________ erkennt. Leuchtstreifen im Boden können nachts den (12) _____ ins Bad __________. Es gibt Körpertrockner und WC-Duschen. Noch sind viele Produkte, die ein selbstständiges Leben auch bei altersbedingten (13) _______________________________ ermöglichen, nicht weit verbreitet, aber sie liegen im Trend.

Wichtige Wörter und Wendungen

die Bandbreite (-en) • der Bedarfsfall (¨-e) • die Beeinträchtigung (-en) • der (Fußboden-)Belag (¨-e) ■ übermitteln ■ eine Tür verriegeln • den Weg weisen

C Ernährung und Gesundheit

C1 Mindesthaltbarkeitsdatum führt zu Lebensmittelverschwendung

Ergänzen Sie. Achten Sie auf die korrekte Form.

Vorschlag einbringen • genießbar • Schimmel • Mindesthaltbarkeitsdatum • auseinanderklaffen • schlagartig • vorgeschrieben • Verfallsdatum • ablaufen • überschritten • Konsistenz • ~~Lebensmittelverschwendung~~ • irrtümlich • nahezu • verderblich • eingangs erwähnt • verzehren • in der Regel • bedenkenlos

Jeder Bürger in Deutschland wirft im Schnitt 82 Kilogramm Lebensmittel jährlich in den Müll. Schuld an dieser (1) *Lebensmittelverschwendung* ist häufig das abgelaufene (2) ______________________, denn viele Verbraucher missverstehen die gesetzlich (3) ______________________ Angabe „mindestens haltbar bis" als Verfallsdatum und entsorgen die Lebensmittel unnötigerweise. Was bedeutet das Mindesthaltbarkeitsdatum (MHD)? Bis zu diesem Datum garantiert der Hersteller für Geschmack, Geruch, Farbe und (4) ______________, wenn das Lebensmittel ungeöffnet ist und richtig gelagert wurde. (5) ______ das MHD ______________, bedeutet dies folglich nicht, dass das Lebensmittel am darauffolgenden Tag (6) ______________ ungenießbar ist. Auch wenn viele Supermärkte inzwischen Produkte, die sich dem MHD nähern, aussortieren oder diese reduziert anbieten: Rechtlich dürfen Lebensmittel mit (7) ______________________ MHD verkauft werden. Festgesetzt wird das MHD vom Hersteller. Die Fristen (8) ____________ dabei, je nach Hersteller, stark ______________. Bei Erdbeerjoghurt aus dem Kühlregal schwanken sie beispielsweise zwischen drei und sechs Wochen. Aber Achtung: Das Mindesthaltbarkeitsdatum ist strikt vom sogenannten Verfallsdatum zu trennen. Wenn auf leicht (9) ______________________ Lebensmitteln wie Hackfleisch und Fisch „zu verbrauchen bis" steht, sollte das Produkt nach Ablauf dieses Datums nicht mehr verzehrt werden, da eine Gesundheitsgefahr durch sich entwickelnde Keime besteht. Lebensmittel mit abgelaufenem (10) ______________________ dürfen auch nicht mehr verkauft werden.

Politiker diskutieren immer wieder über das Umbenennen oder Abschaffen des Mindesthaltbarkeitsdatums, um gegen die (11) ________________ Lebensmittelverschwendung vorzugehen. So wurde vorgeschlagen, den Hinweis „mindestens haltbar bis" durch die Formulierung „voller Genuss bis" zu ersetzen. Auch der (12) ______________, zusätzlich zum MDH ein „Verbrauchsverfallsdatum" anzugeben, __________________________. Dieses Datum soll laut dem früheren Agrarminister Schmidt „klar machen, bis wann die Produkte ohne Gesundheitsbedenken (13) ________________________ können."

Doch bis wann sind nach dem MHD abgelaufene Lebensmittel noch genießbar? Laut der Verbraucherzentrale Hamburg ist Milch in einer ungeöffneten Verpackung noch drei Tage nach Ablauf des MHD (14) ______________. Generell wird empfohlen, seinen Sinnen zu vertrauen. Riecht ein Lebensmittel komisch? Gibt es (15) _____________? Hat sich das Lebensmittel verfärbt? Dann ab damit in die Tonne.

Zucker, Salz und Tee sind trotz der Angabe eines MHD bei richtiger Lagerung (16) __________ unbegrenzt haltbar. Reis, Nudeln, Mehl und Kaffee sind nach Ablauf des MHD noch viele Monate genießbar. Auch Konservendosen sind (17) __________________ weit über das MHD hinaus genießbar.

Was hilft gegen Lebensmittelverschwendung? Eigentlich ist es einfach: Es wird empfohlen, Einkäufe zu planen. Kaufen Sie von frischen Waren nur so viel, wie Sie wirklich verbrauchen können. Vertrauen Sie Ihren Sinnen, bevor Sie Lebensmittel wegwerfen, denn laut der (18) _____________________________ Studie waren 65 Prozent aller weggeworfenen Lebensmittel noch genießbar und hätten (19) __________________ verzehrt werden können.

Wichtige Wörter und Wendungen

die Konsistenz (-en) • das Mindesthaltbarkeitsdatum (-daten) • das Verfallsdatum (-daten) • die (Lebensmittel-)Verschwendung (-en) ■ auseinanderklaffen • verzehren ■ bedenkenlos • genießbar • überschritten • verderblich ■ etw. strikt trennen • einen Vorschlag einbringen

C2 Redewendungen mit Lebensmitteln

Was bedeuten die Redewendungen? Ordnen Sie zu.

1. Er redet die ganze Zeit um den heißen Brei herum.
2. Beim neuen Projekt verderben zu viele Köche den Brei.
3. Es ärgert mich wahnsinnig, dass er immer eine Extrawurst bekommt.
4. Es hilft nichts, da musst du in den sauren Apfel beißen.
5. Die günstigen Laptops gehen immer weg wie warme Semmeln.
6. Er sah aus wie aus dem Ei gepellt.
7. Da haben wir aber noch eine harte Nuss zu knacken.
8. Es nervt, sie findet immer ein Haar in der Suppe.

a) Ich bin sauer, weil er immer bevorzugt behandelt wird.

b) Da müssen wir noch eine schwierige Aufgabe lösen.

c) Er verschweigt das eigentlich Wichtige.

d) Es ist anstrengend, da sie immer etwas auszusetzen hat.

e) Er war sehr ordentlich angezogen.

f) Da zu viele Personen mitreden, gibt es kein gutes Ergebnis.

g) Da musst du notgedrungen etwas machen, was dir nicht gefällt.

h) Die Ware ist begehrt und verkauft sich sehr gut.

1	2	3	4	5	6	7	8
c							

Wichtige Wörter und Wendungen

in den sauren Apfel beißen *(ugs.)* • um den heißen Brei herumreden *(ugs.)* • wie aus dem Ei gepellt sein *(ugs.)* • eine Extrawurst bekommen *(ugs.)* • ein Haar in der Suppe finden *(ugs.)* • sauer sein *(ugs.)* • eine harte Nuss zu knacken haben *(ugs.)* • weggehen wie warme Semmeln *(ugs.)*

C3 Vollwertig essen und trinken nach den 10 Regeln der DGE

Ergänzen Sie. Achten Sie auf die korrekte Form.

Inhaltsstoff • anreichern • Jod • Protein • Eisen • Hülsenfrucht • Wohlbefinden • ~~vollwertig~~ • Nährstoff • Ballaststoff • abwechslungsreich • sättigen • versorgen • senken • würzen • Omega-3-Fettsäure • Kariesrisiko • Rapsöl • Fettsäure • sparsam • regulieren • Sättigungsempfinden • hilfreich • schonend • ungesüßt • frittieren • garen • Diabetes • moderat • nährstoffarm

(1) *Vollwertig* essen und trinken hält gesund, fördert Leistung und (2) ________________. Wie sich das umsetzen lässt, hat die Deutsche Gesellschaft für Ernährung auf Basis aktueller wissenschaftlicher Erkenntnisse in 10 Regeln formuliert.

1. Lebensmittelvielfalt genießen

Nutzen Sie die Lebensmittelvielfalt und essen Sie (3) ________________. Wählen Sie überwiegend pflanzliche Lebensmittel. Kein Lebensmittel allein enthält alle (4) ________________. Je abwechslungsreicher Sie essen, desto geringer ist das Risiko einer einseitigen Ernährung.

2. Gemüse und Obst – nimm „5 am Tag"

Genießen Sie mindestens 3 Portionen Gemüse und 2 Portionen Obst am Tag. Zur bunten Auswahl gehören auch (5) ________________ wie Linsen, Kichererbsen und Bohnen sowie (ungesalzene) Nüsse. Gemüse und Obst (6) ________________ Sie reichlich mit Nährstoffen, Ballaststoffen und sekundären Pflanzenstoffen und tragen zur Sättigung bei. Gemüse und Obst zu essen, (7) ________ das Risiko für Herz-Kreislauf- und andere Erkrankungen.

3. Vollkorn wählen

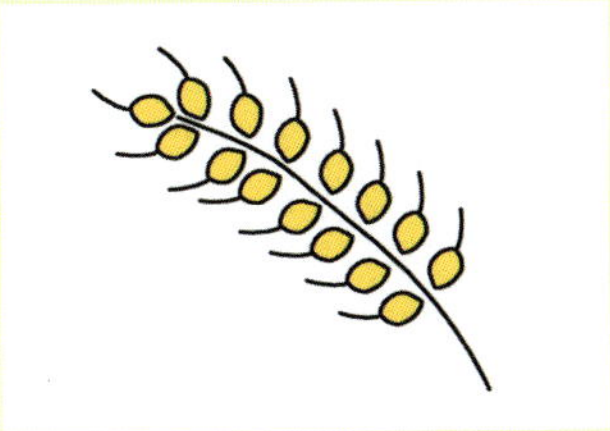

Bei Getreideprodukten wie Brot, Nudeln, Reis und Mehl ist die Vollkornvariante die beste Wahl für Ihre Gesundheit. Lebensmittel aus Vollkorn (8) ______________ länger und enthalten mehr Nährstoffe als Weißmehlprodukte. (9) ________________________ aus Vollkorn senken das Risiko für Diabetes mellitus Typ 2, Fettstoffwechselstörungen, Dickdarmkrebs und Herz-Kreislauf-Erkrankungen.

4. Mit tierischen Lebensmitteln die Auswahl ergänzen

Essen Sie Milch und Milchprodukte wie Joghurt und Käse täglich, Fisch ein- bis zweimal pro Woche. Wenn Sie Fleisch essen, dann nicht mehr als 300 bis 600 g pro Woche. Milch und Milchprodukte liefern gut verfügbares (10) ______________, Vitamin B_2 und Calcium. Seefisch versorgt Sie mit (11) ______ und fetter Fisch mit wichtigen (12) __________ ________________________. Fleisch enthält gut verfügbares (13) __________ sowie Selen und Zink. Fleisch und insbesondere Wurst enthalten aber auch ungünstige (14) ________________________.

5. Gesundheitsfördernde Fette nutzen

Bevorzugen Sie pflanzliche Öle wie (15) __________ und daraus hergestellte Streichfette. Vermeiden Sie versteckte Fette. Fett steckt oft „unsichtbar“ in verarbeiteten Lebensmitteln wie Wurst, Gebäck, Süßwaren, Fast-Food und Fertigprodukten. Pflanzliche Öle liefern, wie alle Fette, viele Kalorien. Sie liefern aber auch lebensnotwendige (16) ____________________ und Vitamin E.

6. Zucker und Salz einsparen

Mit Zucker gesüßte Lebensmittel und Getränke sind nicht empfehlenswert. Vermeiden Sie diese möglichst und setzen Sie Zucker (17) ______________ ein. Sparen Sie Salz und reduzieren Sie den Anteil salzreicher Lebensmittel. (18) ____________ Sie kreativ mit Kräutern und Gewürzen. Zuckergesüßte Lebensmittel und Getränke sind meist (19) ______________________ und enthalten unnötige Kalorien. Zudem erhöht Zucker das (20) ______________________. Zu viel Salz im Essen kann den Blutdruck erhöhen. Mehr als 6 g am Tag sollten es nicht sein. Wenn Sie Salz verwenden, dann (21) ______________________ mit Jod und Fluorid.

7. Am besten Wasser trinken

Trinken Sie rund 1,5 Liter jeden Tag. Am besten Wasser oder andere kalorienfreie Getränke wie (22) ____________________ Tee. Zuckergesüßte und alkoholische Getränke sind nicht empfehlenswert. Ihr Körper braucht Flüssigkeit in Form von Wasser. Zuckergesüßte Getränke liefern unnötige Kalorien und kaum wichtige Nährstoffe. Der Konsum kann die Entstehung von Übergewicht und (23) _______________ mellitus Typ 2 fördern. Alkoholische Getränke sind ebenfalls kalorienreich. Außerdem fördert Alkohol die Entstehung von Krebs und ist mit weiteren gesundheitlichen Risiken verbunden.

8. Schonend zubereiten

(24) __________ Sie Lebensmittel so lange wie nötig und so kurz wie möglich, mit wenig Wasser und wenig Fett. Vermeiden Sie beim Braten, Grillen, Backen und (25) ______________ das Verbrennen von Lebensmitteln. Eine (26) __________________ Zubereitung erhält den natürlichen Geschmack und schont die Nährstoffe. Verbrannte Stellen enthalten schädliche Stoffe.

9. Achtsam essen und genießen

Gönnen Sie sich eine Pause für Ihre Mahlzeiten und lassen Sie sich Zeit beim Essen. Langsames, bewusstes Essen fördert den Genuss und das (27) ______________________________.

10. Auf das Gewicht achten und in Bewegung bleiben

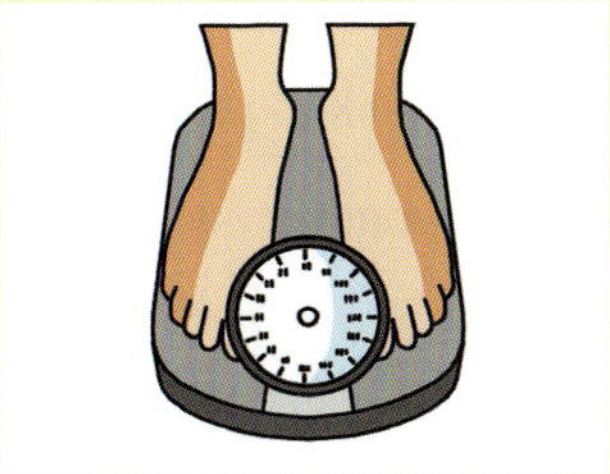

Vollwertige Ernährung und körperliche Aktivität gehören zusammen. Dabei ist nicht nur regelmäßiger Sport (28) ______________, sondern auch ein aktiver Alltag, in dem Sie z. B. öfter zu Fuß gehen oder Fahrrad fahren. Pro Tag 30 bis 60 Minuten (29) ______________ körperliche Aktivität fördern Ihre Gesundheit und helfen Ihnen dabei, Ihr Gewicht zu (30) ________________.

Wichtige Wörter und Wendungen

der Diabetes • die Fettsäure (-n) • die Herz-Kreislauf-Erkrankung (-en) • die Hülsenfrucht (¨-e) • der Nährstoff (-e) • die Omega-3-Fettsäure (-n) • das Protein (-e) • das Sättigungsempfinden • das Wohlbefinden ▪ sättigen • anreichern • sich etw. gönnen ▪ moderat • schonend • vollwertig ▪ das Risiko senken • mit Risiken verbunden sein

C4 Tätowieren und seine Risiken

Ergänzen Sie die Vokale.

(1) Tätowieren ist „in“. Das Bayerische Staatsministerium für Umwelt und Verbraucherschutz (2) v__rw__ __st deshalb auf bestehende Risiken. Durch unhygienische Räumlichkeiten und Arbeitsweisen, fehlende (3) St__r__l__t__t der Tätowiergeräte oder keimbelastete Farben können Krankheiten, die durch (4) V__r__n, (5) B__kt__r__ __n oder Pilze ausgelöst werden, z. B. (6) H__p__t__t__s, HIV oder bakterielle Hautinfektionen, übertragen werden. Unerwünschte Reaktionen wie Rötungen, (7) n__ss__nd__ Wunden, allergische Reaktionen oder die Bildung sogenannter Granulome können auftreten. Granulome sind (8) G__w__b__w__ch__r__ng__n, die sich um vom Körper erkannte Fremdkörper, wie die Farbpigmente, bilden können. Auch das Wandern von (9) F__rbp__gm__nt__n im Körper wurde beobachtet: die (10) Lymphkn__t__n nahmen Farben der Tätowierungen an. Welches (11) Kr__bsr__s__ko von den Farben und ihren Spaltprodukten im Körper ausgeht, ist wenig erforscht. Auch für medizinische Behandlungen haben Tattoos Folgen: Tätowierungen können die (12) D__ __gn__s__ von Hauterkrankungen, (13) M__tt__rm__lv__r__nd__r__ng__n oder das Erkennen Maligner Melanome erschweren oder verhindern. (14) Bei K__rnsp__nt__m__gr__ph__ __n kann es zu Verbrennungen durch das Eisen in den Tätowierfarben kommen.

Wichtige Wörter und Wendungen

die Hepatitis • die Kernspintomographie (-n) • der Lymphknoten (-) • die Muttermalveränderung (-en) • die Sterilität ■ sich eine Tätowierung stechen lassen

D Medien und Kultur

D1 Die neue Datenschutzverordnung der EU

Wie heißen die Wörter? Ergänzen Sie die fehlenden Vokale.

Am 25. Mai 2018 trat die Europäische Grundverordnung zum Datenschutz (DSGVO) in Kraft. Das EU-Gesetz, das die Verarbeitung von (1) personenbezogenen Daten im Netz regelt, muss verpflichtend umgesetzt werden. Für wen gilt die (2) V_r_rdn_ng? Was ändert sich für die Bürger und was müssen Unternehmen beachten?

Betroffen von der Verordnung sind alle, die in irgendeiner Weise personenbezogene Daten verarbeiten: der kleine Handwerksbetrieb ebenso wie der (3) D_x-K_nz_rn, Websitebetreiber, App-Anbieter, (4) Bl_gg_r, Netzwerke, Selbstständige und Vereine. Zu den personenbezogenen Daten zählen beispielsweise Name, Geburtsdatum, E-Mail-Adresse, IP-Adresse, Steuernummer, Autokennzeichen oder Kontoverbindung. Privatpersonen, die die Daten nur persönlich oder (5) f_m_l_ _r verwenden, sind von dieser Regelung ausgenommen.

Ziel der Verordnung ist es, die Kontrolle der Bürger über ihre Daten zu erhöhen und personenbezogene Daten besser vor Missbrauch zu schützen. Wer die (6) E_nw_ll_g_ng zur Speicherung seiner Daten erteilt, muss umfangreicher als bisher darüber aufgeklärt werden, welche Daten in welcher Form über ihn (7) g_sp_ _ch_rt werden und wie diese verwendet werden. Neu ist, dass von den Bürgern ein „Recht auf Vergessen werden“ (8) _ _ng_f_rd_rt werden kann, es verhindert unerwünschte Werbung. Ebenfalls neu ist das „Recht auf (9) D_t_n_b_rtr_gb_rk_ _t“. Verbrauchern wird damit die Möglichkeit eröffnet, ihre Daten bei einem (10) W_bs_t_b_tr_ _ber herunterzuladen und bei einem anderen Anbieter wieder hochzuladen, was (11) D_t_nm_n_p_l_ brechen soll. Insgesamt zielt die DSGVO darauf, den datenverarbeitenden Unternehmen wie Google, Amazon und Netflix beim Datensammeln und -nutzen (12) E_nh_lt zu g_b_ _t_n. Unternehmer und andere Betroffene müssen sich intensiv mit der DSGVO auseinandersetzen, da die neuen Informations-, Nachweis- sowie (13) R_ch_nsch_ftspfl_cht_n eingehalten werden müssen. Die Einwilligung der Personen, deren persönliche Daten gespeichert werden, muss unter (14) r_chtsk_nf_rm_n Bedingungen eingeholt und w_d_rr_f_n werden können. Alle mit der Datenerhebung, -verarbeitung, -veränderung und -auswertung verbundenen Prozesse müssen (15) d_k_m_nt_ _rt werden: Woher stammen die Daten? Wie werden die Kunden über die Datenverarbeitung informiert? Wie werden die Daten im Unternehmen gespeichert und weiterverarbeitet? Wie ist der Prozess, wenn Kunden das (16) L_sch_n ihrer Daten wünschen? Wie ist der Ablauf, wenn es zu einem (17) D_t_nl_ck kommt? Bei (18) H_ck_r_ngr_ff_n muss die zuständige Landesdatenschutzbehörde binnen 72 Stunden informiert werden. Wie sind die Löschfristen der Daten, wenn das Ziel der (19) D_t_n_rh_b_ng erreicht ist? Ab zehn Mitarbeitern, die Zugriff auf Kundendatenbanken haben, muss laut DSGVO ein (20) D_t_nsch_tzb_ _ _ftr_gt_r benannt werden. Dabei spielt es keine Rolle, ob die Mitarbeiter in Teil- oder Vollzeit arbeiten, freie oder feste Mitarbeiter sind oder Praktikanten und Werkstudenten.

Die DSGVO beinhaltet viele Bestandteile des bisher (21) g_lt_nd_n deutschen Rechtes zum Datenschutz. Neu sind im Wesentlichen die Dokumentationspflicht und das deutliche Anheben der (22) B_ßg_ld_r bei Verstößen gegen die Verordnung. Vorgesehen sind Strafen bis zu 20 Millionen Euro oder vier Prozent des weltweiten Jahresumsatzes bei Unternehmen. Es ist möglich, dass Anwälte die neue Rechtslage ausnutzen. Sollten Gerichte hohe (23) z_v_lr_chtl_ch_ Schadensersatzansprüche wegen Datenschutzverstößen verhängen, könnte eine Abmahnwelle aufkommen. Es wird deshalb allen von der Verordnung Betroffenen empfohlen, darauf zu achten, dass die (24) D_t_nsch_tz_rkl_r_ng auf den Webseiten gesetzeskonform ist und auf eine Verwendung von Tracking-Tools eindeutig und unmissverständlich hingewiesen wird. (25) N_wsl_tt_r sollten nur nach ausdrücklicher Zustimmung versandt werden.

Wichtige Wörter und Wendungen

der Betreiber (-) • das Bußgeld (-er) • der Dax-Konzern (-e) • der Hackerangriff (-e) • das Monopol (-e) • personenbezogene Daten ■ etw. umsetzen ■ ausdrücklich • binnen • rechtskonform • zivilrechtlich ■ Einhalt gebieten • in Kraft treten • ein Monopol brechen

D2 Influencer

Ergänzen Sie. Achten Sie auf die korrekte Form.

Langzeitstudie • Anfrage • Betrüger • Like • Blog • Post • Reichweite • Influencer • ~~Follower~~ • aufwändig • posieren • real • kenntlich machen • Werbeträger • einträglich • authentisch • sich formieren • schwärmen für • zwischenzeitlich • präsent • ein Dorn im Auge sein • ausgeben • eindeutig • Hashtag • außergerichtlich • konsumkritisch • Schmarotzer • soziale Medien • glaubwürdig

Influencer sind die Stars der sozialen Medien mit Millionen (1) *Followern* und ebenso vielen Kritikern. Influencer inszenieren ihren Alltag im Internet, (2) ______________ Produkte, tragen dabei Markenkleidung und machen so „nebenbei" Werbung. Besonders Unternehmen aus der Mode-, Lifestyle- und Fitnessbranche haben (3) ______________ als (4) ______________ für sich entdeckt. Da Influencer sich für Produktplatzierungen bezahlen sowie auf Reisen sponsern lassen, schleicht sich immer mehr Werbung in den Alltag der Nutzer sozialer Medien ein.

(5) ______________ sind die zahlreichen Influencer – der Software-Analyse-Anbieter „Influencer DB" zählt in Deutschland rund 3 600 Personen mit über einer Million Followern – auf Instagram, YouTube, Snapchat, musical.ly sowie auf zahllosen (6) ______________ und sie machen dort Marken oder bestimmte Produkte zum Gesprächsgegenstand einer jungen Zielgruppe. Geschätzte 2,2 Milliarden Euro wurden allein im letzten Jahr von Unternehmen für Influencer-Werbung auf Instagram (7) ______________. Diese Werbeform ist für Unternehmen attraktiv, denn sie hat eine große (8) ______________, erreicht die Zielgruppe direkt und ist kostengünstiger als klassische Werbung, da beispielsweise keine (9) ______________ und teuren Werbefilme gedreht werden müssen.

Wenn Influencer von Schuhen, Wimperntusche oder Fitnessdrinks schwärmen oder mit Taschen teurer Marken vor Sehenswürdigkeiten (10) ______________, wirkt es, als ob sie eine Freundin oder einen Freund an ihrem Leben teilhaben lassen wollen. Durch die direkte Interaktion mit den Followern bekommen die (11) ______________ zusätzlich eine persönliche Note und wirken, als ob sie (12) ____________________ wären. Dieses Marketing ist für die „Beeinflusser" ein (13) ________________________ Geschäft: Circa 4 000 Euro zahlt eine Münchner PR-Agentur pro Post bei Influencern mit über einer Million Followern.

Trotzdem stellt sich die Frage, ob sich diese neue Werbeindustrie auf dem Weg in die Krise befindet. Der Wert eines Fotos oder Videos steigt, je mehr Follower ein Influencer hat und je mehr (14) _________ und Kommentare er auf seine Posts erhält. Doch wie viele Konsumenten werden mit der Werbung wirklich angesprochen? Laut der Influencer-Plattform Sway wird inzwischen nicht einmal jeder fünfte Kommentar zu einem Werbepost von einem (15) ___________ Menschen verfasst, denn der Influencer-Boom hat auch (16) _______________ und Profiteure auf den Plan gerufen: Follower sowie maschinenerstellte Kommentare und Likes können (17) _____________________________ auch gekauft werden.

Auch (18) ______________________ gegen das Influencer-Marketing zunehmend Widerstand. Wenn Influencer Gegenleistungen für ihre Produkterwähnungen oder -platzierungen erhalten und diese gegenüber dem Konsumenten nicht eindeutig (19) ______________________________ wird, liegt unzulässige sogenannte Schleichwerbung vor. Denn nach dem in Deutschland geltenden „Gesetz gegen den unlauteren Wettbewerb" muss Werbung (20) _________________ als solche erkennbar sein. Bezahlte Inhalte müssen deshalb zum Beispiel durch (21) ________________ wie #sponsered oder #werbung gekennzeichnet sein. Bei Verstößen drohen laut Landesmedienanstalten Geldstrafen von bis zu 50 000 Euro. Verbraucherzentralen (22) _____ die häufig offensichtliche Schleichwerbung _____________________________. Der Verein hat vereinzelt Unterlassungsklagen gegen Influencer eingeleitet, da Heranwachsende klar erkennen können müssen, ob Werbung oder eine persönliche Meinung vorliegt. Da sich die Parteien bisher immer (23) ______________________________ mittels Unterlassungserklärungen einigten, liegen noch keine Gerichtsurteile vor.

Ein Manager eines der teuersten deutschen Hotels berichtet von täglich mindestens zehn (24) ______________ von Influencern nach Gratisnächten: Social-Media-Prominenz gilt folglich in manchen Branchen nicht mehr als Werbebotschafter, sondern als (25) ______________.

Die Medienpädagogin Claudia Lampert vom Hans-Bredow-Institut für Medienforschung untersucht, wie (26) ______________ das Leben der jungen Nutzer verändern. Noch liegen keine wissenschaftlichen (27) ______________ vor, aber eindeutig ist, dass Apps wie Instagram mit ihren Vorbildern zu sozialem Druck und einer nicht immer gesunden Überidentifizierung führen. Lampert vermutet, dass jugendliche Instagram-Nutzer weniger (28) ______________ sind als frühere Generationen und weniger zwischen eigener Meinung einer Person und Beeinflussung durch eine Person differenzieren können. Dies belegt auch eine Studie nach der ein Drittel der deutschen Internet-Nutzer über 14 Jahre Influencer für besonders (29) ______________ hält, bei den 14- bis 17-Jährigen sind es sogar 41 Prozent.

Wichtige Wörter und Wendungen

der Betrüger (-) • der Follower (-) • das Hashtag (-s) • der Influencer (-) • der Like (-s) • der Post (-s) • der Schmarotzer (-) ■ kenntlich machen • schwärmen (für + *Akk.*) • sponsern ■ außergerichtlich • glaubwürdig • präsent ■ ein Dorn im Auge sein • auf den Plan rufen

D

D3 Was ist Kunst?

Ergänzen Sie. Achten Sie auf die korrekte Form.

erkennen • ~~auszeichnen~~ • Gemälde • Zeug • kontrovers • nachahmen • vollenden • nutzlos • Betrachter • Klecks • Generation

Was (1) zeichnet Ihrer Meinung nach Kunst aus? Die Frage „Was ist Kunst?“ wurde schon immer (2) __________ diskutiert. Lesen Sie die Aussagen bekannter Künstler, Schriftsteller und Philosophen.

Ich kann nichts dafür, dass meine Bilder sich nicht verkaufen lassen. Aber es wird die Zeit kommen, da die Menschen (3) __________, dass sie mehr wert sind als das Geld für die Farbe.

Vincent van Gogh

Die Kunst (4) __________ das, was die Natur nicht ins Werk umsetzen kann, oder sie (5) __________.

Aristoteles

Niemand auf der Welt bekommt so viel dummes (6) __________ zu hören wie die Bilder in einem Museum.

Jules Huot de Concourt, Kunstsammler

Das (7) __________ ist nichts als eine Brücke, welche den Geist des Malers mit dem des (8) __________ verbindet.

Eugène Delacroix

Alle Kunst ist ziemlich (9) __________.

Oscar Wilde

Kunst ist die Königin aller Wissenschaften, die zu allen (10) __________ der Welt spricht.

Leonardo da Vinci

Kunst ist überall dort, wo du danach suchst; lobe die blinkenden Sterne, denn sie sind Gottes unbekümmerte (11) __________.

El Greco

D4 Alles Kunst

Ergänzen Sie. Achten Sie auf die korrekte Form.

Rahmen • ~~Aquarell~~ • kitschig • Grafiker • Auktionator • Fälschung • Skizze • Porträt • Radierung • Vernissage • Druck • Skulptur • Atelier

1. Ein *Aquarell* ist ein mit nicht deckenden Wasserfarben gemaltes Bild. Die Farben bestehen aus sehr feinen Pigmenten.
2. Das Ölgemälde hat einen auffälligen goldenen __________.
3. Eine ______________ kann angefertigt werden, indem man mit einer Stahlnadel eine Zeichnung auf eine Kupfer- oder Zinkplatte ritzt.

4. Das Bild gefällt mir überhaupt nicht. Ich finde es total ____________.
5. Das sind die ___________ zu dem berühmten Gemälde.
6. Das Logo hat ein bekannter ____________ entworfen.
7. Es ist noch nicht sicher, ob das Gemälde „La Bella Principessa" ein Original von Leonardo da Vinci ist oder eine ______________.
8. Das ist das __________ des Malers als Jugendlicher.
9. Die Impressionisten haben nicht im __________, sondern im Freien gemalt.
10. Die Auflage bei diesem ________ war nicht sehr hoch.
11. Die ____________ des Bildhauers ist aus Bronze.
12. In dieser Galerie findet heute Abend eine ______________ statt.
13. Bei der Versteigerung besiegelte der _________________ den Verkauf mit dem leichten Schlag seines Holzhammers.

Wichtige Wörter und Wendungen

das Aquarell (-e) • das Atelier (-s) • der Auktionator (-en) • das Gemälde (-) • das Pigment (-e) • die Radierung (-en) • die Skizze (-n) • die Skulptur (-en) • die Vernissage (-n) ■ etw. auszeichnen • ritzen • vollenden ■ kitschig • kontrovers

D5 Redewendungen mit Farben

Was bedeuten die Redewendungen? Ordnen Sie zu.

1. Ich bin mir sicher, dass er ein ehrenhafter Mann ist und eine weiße Weste hat.
2. Sie wird nicht kommen, da kannst du warten bis du schwarz wirst.
3. Das glaube ich erst, wenn ich es schwarz auf weiß habe.
4. Dein Garten ist wunderschön, du hast wirklich einen grünen Daumen!
5. Die beiden würde ich nicht im Team zusammenarbeiten lassen, sie sind sich nicht grün.
6. Vermutlich macht er blau. Ich glaube nicht, dass er krank ist.

a) Ich brauche das schriftlich, um sicher zu sein, dass es stimmt.
b) Die Zwei sind sich nicht wohlgesonnen, sie können sich nicht leiden.
c) Du hast wirklich ein Talent für Gartenarbeit, denn deine Pflanzen gedeihen prächtig.
d) Ich gehe davon aus, dass er die Schule schwänzt.
e) Ich gehe davon aus, dass er sich nichts zu Schulden kommen ließ.
f) Ich bin mir sicher, dass du völlig umsonst ausharren wirst.

1	2	3	4	5	6
e					

Wichtige Wörter und Wendungen

ausharren • gedeihen • schwänzen (*ugs.*) ■ ehrenhaft • prächtig ■ blau machen (*ugs.*) • einen grünen Daumen haben • sich nicht grün sein (*ugs.*) • sich etwas/nichts zu Schulden kommen lassen • warten bis man schwarz wird (*ugs.*) • etwas schwarz auf weiß haben (*ugs.*) • eine weiße Weste haben (*ugs.*) • (sich) wohlgesonnen sein

E Politik und Gesellschaft

E1 Fragen zur Ausgestaltung der sozialen Marktwirtschaft

Ergänzen Sie. Achten Sie auf die korrekte Form.

Branche • Ressource • Ausstattung • Prämie • ~~unumstritten~~ • eingreifen • erneuerbar • subventionieren • Umsetzung • investieren • in Kauf nehmen • forcieren • angesichts

Die soziale Marktwirtschaft ist die (1) *unumstrittene* Wirtschaftsordnung Deutschlands, über deren (2) ______________ viel diskutiert wird. Zum Beispiel stellt sich die Frage, wann und inwieweit der Staat in das Wirtschaftssystem (3) ______________ soll. Ist es sinnvoll, den klimaschädlichen Braunkohleabbau zu (4) ______________, um Arbeitsplätze zu erhalten oder sollte der Niedergang der Branche (5) ______________ und stattdessen in (6) ______________ Energien investiert werden? Aktuell gibt es (7) ______________ für den Kauf von Elektroautos. Ist dies sinnvoll, um in der (8) ______________ die Entwicklung der Elektromobilität zu fördern oder wäre dieses Geld besser in Bildung (9) ______________, zum Beispiel in die (10) ______________ von Schulen oder mehr Lehrerstellen? Sollte der Staat (11) ______________ des Klimawandels und knapper werdender (12) ______________ den allgemeinen Umbau des Wirtschaftssystems zu einer ökologisch-sozialen Marktwirtschaft mehr (13) ______________?

E2 Sozialabgaben

Was wird vom Bruttoarbeitslohn abgezogen? Kreuzen Sie an.

- ☒ die Krankenversicherung
- ○ die Pflegeversicherung
- ○ die Arbeitslosenversicherung
- ○ die Autoversicherung
- ○ die Unfallversicherung
- ○ die Haftpflichtversicherung
- ○ die Rentenversicherung

Wichtige Wörter und Wendungen

die Haftpflichtversicherung (-en) • die Prämie (-n) • die Umsetzung (-en) ■ forcieren • investieren • subventionieren

E

E3 Redewendungen zum Thema Geld

Ordnen Sie die Redewendung ihrer Bedeutung zu.

1. Sie ist arm wie eine Kirchenmaus. [b]
2. Das habe ich für einen Apfel und ein Ei gekauft. [ ]
3. Er lebt wirklich auf großem Fuß. [ ]
4. Ich finde, er wirft sein Geld zum Fenster raus. [ ]
5. Ich schaffe es momentan nicht, etwas auf die hohe Kante zu legen. [ ]
6. Er sitzt auf dem Trockenen. [ ]
7. Mit der kleinen Rente muss sie sich ganz schön nach der Decke strecken. [ ]
8. Er verdient sich mit Immobiliengeschäften eine goldene Nase. [ ]
9. Ich kann mir das Geld doch nicht aus den Rippen schneiden. [ ]
10. Kann es sein, dass das Pärchen da drüben gerade die Zeche geprellt hat? [ ]
11. Für die neue Küche haben wir tief in die Tasche gegriffen. [ ]

a) Er gibt viel Geld aus.
b) Sie ist sehr arm.
c) Sie ist gezwungen, mit wenig Geld zu leben.
d) Ich weiß nicht, wo ich das Geld hernehmen soll.
e) Er macht großen Gewinn.
f) Das war total billig.
g) Sind sie aus dem Restaurant gegangen, ohne zu bezahlen?
h) Dafür haben wir viel Geld ausgegeben.
i) Ich kann in meiner augenblicklichen finanziellen Lage nichts sparen.
j) Meiner Meinung nach verschwendet er sein Geld.
k) Er hat kein Geld mehr.

Wichtige Wörter und Wendungen

etwas für einen Apfel und ein Ei kaufen (*auch*: für 'nen Appel und 'n Ei) *(ugs.)* • arm wie eine Kirchenmaus sein *(ugs.)* • sich nach der Decke strecken müssen *(ugs.)* • auf großem Fuß leben *(ugs.)* • Geld verschwenden • sein Geld zum Fenster rauswerfen *(ugs.)* • etwas auf die hohe Kante legen *(ugs.)* • sich eine goldene Nase verdienen *(ugs.)* • sich etwas nicht aus den Rippen schneiden können *(ugs.)* • tief in die Tasche greifen *(ugs.)* • auf dem Trockenen sitzen *(ugs.)*

E4 Ökozid

Die Fachzeitschrift „Natur und Umwelt“ führt ein Interview mit dem Umweltbeauftragten der UNO. Lesen Sie das Interview und streichen Sie die Wörter, die in dem Interview nicht passen.

- Was (1) *bedeutet/~~beinhaltet~~* Ökozid?

◇ Ökozid, Englisch „ecocide“, wird (2) *erläutert/definiert* als eine (3) *erhebliche/unerhebliche* Beschädigung, Zerstörung oder Verlust eines Ökosystems durch menschliches Handeln oder durch andere Ursachen in einem (4) *Mittelmaß/Ausmaß*, welches die friedliche (5) *Ausbeutung/Nutzung* des Gebietes durch seine Bewohner stark einschränkt oder einschränken wird.

- Die britische Anwältin Polly Higgins setzt sich bei den Vereinten Nationen dafür ein, Umweltverbrechen unter Strafe zu (6) *setzen/stellen*. Wie soll die Verurteilung von Umweltzerstörungen als Völkerrechtsverbrechen Ökozid (7) *verhindern/ermöglichen?*

◇ Massive Umweltzerstörungen mit teilweise (8) *globalen/lokalen* Folgen, wie der Erhöhung des Treibhauseffektes, nehmen zu. Die existierenden nationalen Gesetze sind nicht in der Lage, der fortschreitenden Umweltzerstörung (9) *Stopp/Einhalt* zu gebieten. Umweltzerstörungen werden in nationalem Recht unterschiedlich bewertet und deren (10) *Ahndung/Forderung* häufig den wirtschaftlichen und staatlichen Interessen untergeordnet. Bisherige Umweltgesetze zielen nur auf Geldstrafen ab und drohende (11) *Bußgelder/Prämien* werden von den Konzernen oft in die Projekte einkalkuliert. Von Umweltzerstörung betroffene Personengruppen können (12) *sich beschweren/klagen*, haben dazu aber oft nicht die finanziellen Voraussetzungen und das juristische Wissen. Würde Ökozid als Verbrechen geahndet, müssten Konzerne gewährleisten, dass es keine massiven Umweltzerstörungen durch ihr Handeln gibt. Würden dennoch Ökosysteme (13) *renaturiert/zerstört* oder in einem Ausmaß geschädigt, dass die dortigen Bewohner dort nicht mehr leben können, sollen, nach Higgins' Vorstellung, Vorstandsvorsitzende und Direktoren vor dem Internationalen Strafgerichtshof in Den Haag (14) *egoistisch/persönlich* dafür haftbar gemacht werden.

- Higgins fordert also (15) *Entlassungen/Haftstrafen* für Entscheidungsträger, die Ökosysteme zerstören oder massiv schädigen?

◇ Ja, die Entscheider sollen nicht mehr (16) *abwägen/abwiegen*, ob sich ein umwelt-zerstörendes Projekt für das Unternehmen finanziell lohnt, sondern sich persönlich fragen, ob das Projekt es (17) *wert/teuer* ist, dafür ins Gefängnis zu gehen.

E5 Die Aktion „Gutes Beispiel"

Ergänzen Sie die fehlenden Vokale.

„Gutes Beispiel" ist ein Wettbewerb des Radiosenders „Bayern 2". Gemeinsam mit Sponsoren werden (1) innovative Projekte aus Bayern prämiert, die sich auf vorbildliche Weise für eine bessere Gesellschaft einsetzen. Die Aktion will auf diese positiven Projekte aufmerksam machen und zeigen, dass man mit Mut, Engagement und (2) L__ __d__nsch__ft die Gesellschaft positiv (3) b__ __ __nfl__ss__n kann.

Bei dem Wettbewerb können sich Projekte bewerben, die durch (4) __hr__n__mtl__ch__s Engagement realisiert werden oder mit ihrem Geschäftsmodell darauf zielen, positive (5) V__r__nd__r__ngs__mp__ls__ in der Gesellschaft zu setzen und mit kreativen Ideen soziale, kulturelle oder ökologische Probleme angehen. Die (6) J__ry achtet bei der Auswahl der Preisträger darauf, dass die Projekte bereits Erfolge vorzuweisen haben. Auch sollten sie darauf angelegt sein, langfristig zu wirken und eine Zukunftsperspektive zu haben.

2018 belegte die (7) __n__t__ __t__v__ „Rettet den Hirsch" aus Vorderburg im Allgäu den ersten Platz. Als die einzige Gaststätte des Dorfes schloss, wollten die Bewohner dies nicht einfach hinnehmen. Sie erstellten einen (8) F__n__nz__ __r__ngspl__n, sammelten Geld und kauften das Haus. Anschließend renovierten 250 Dorfbewohner den alten Gasthof. Jetzt ist er wieder Gasthaus, Schützenkeller und Dorfladen.

Den zweiten Platz gewann „Khala – Faire Mode aus Malawi". Das Münchner (9) M__d__l__b__l hat Arbeitsplätze in Malawi geschaffen. Bei dem Start-up-Unternehmen werden die Mitarbeiter in Malawi überdurchschnittlich (10) __ntl__hnt und sind krankenversichert. Das Unternehmen wurde prämiert, da es den oft (11) __ __sb__ __t__r__sch__n Strukturen in der Textilbranche soziale Standards entgegensetzt.

Wichtige Wörter und Wendungen

die Ahndung (-en) • das Ausmaß (-e) • der Entscheider (-) • die Jury (-s) • der Ökozid • das Start-up-Unternehmen (-) ■ einkalkulieren • gewährleisten • renaturieren ■ auf etw. abzielen • jdn für etw. haftbar machen • Einhalt gebieten • Probleme angehen • unter Strafe stellen

E6 Angesichts des Klimawandels und des Bienensterbens ...

Finden Sie die Synonyme. Achten Sie auf die korrekte Form.

~~seinen Tribut fordern~~ • ungeachtet • in Anbetracht • nach Meinung von • grundlegend • immens • verstärken • Erzeugung

1. Der gehobene Lebensstandard *verlangt Opfer* / fordert seinen Tribut: Täglich werden *gigantische* / ________ Mengen an Energie verbraucht, für deren *Produktion* / ________ täglich Tonnen an Erdöl, Kohle und Gas verbrannt werden. Die dabei produzierten Gase *befeuern* / ________ den Treibhauseffekt und führen zur globalen Erwärmung. *Angesichts* / ________ des Klimawandels müssen wir unser Konsumverhalten *radikal* / ________ ändern.
2. *Trotz* / ________ des europäischen Anwendungsverbotes dreier sogenannter bienenschädlicher Neonicotinoide schlagen Umweltverbände weiterhin Alarm. *Geht es nach* / ________ Leif Miller, dem Geschäftsführer des Naturschutzbundes Deutschland, müssten alle

E

Neonicotinoide und ähnlich wirkende Insektizide *komplett* / ________________ vom Markt *genommen werden* / ____________________. Die verbotenen Insektizide dürfen nicht mehr im Freien und bei der Saatgutbehandlung verwendet werden, da Wild- und Honigbienen durch sie *schon* / ___________ bei niedriger Dosierung *sterben* / _____________ können.

3. *Im Zeitraum* / __________ weniger Monate waren Teile des Korallenriffs abgestorben. Die sogenannte Korallenbleiche kommt *infolge* / ____________ der *weltweiten* / _____________ Erwärmung immer häufiger vor.
4. Es gab viele Spenden *für die* / ____________________ Opfer der Flutkatastrophe.

zugunsten der • verschwinden • vollständig • aufgrund • global • bereits • binnen • verenden

Wichtige Wörter und Wendungen

befeuern • verenden ▪ grundlegend • immens • ungeachtet ▪ in Anbetracht • etw. vom Markt nehmen • seinen Tribut fordern

Teil 2 **Grammatik**

F Verben

F1 Klatsch, Tratsch, Gerüchte – Gebrauch subjektiver Modalverben

Welches Modalverb ist korrekt? Unterstreichen Sie die richtigen Lösungen.

1. Gerüchte sind laut Jean-Noël Kapferer, einem Sozialpsychologen und Gerüchteforscher, das älteste Massenmedium der Welt. Schon bei den Höhlenmenschen (1) *sollen / wollen* Gerüchte kursiert sein, und dieses Phänomen hat sich bis in unsere heutige virtuelle Welt erhalten. Die Geschwindigkeit der Verbreitung wird dadurch angefeuert, dass sich derjenige, der etwas Außergewöhnliches wissen (2) *will / soll*, in seinem Wissensvorsprung sonnt und die Reaktion genießt, die seine Information hervorruft. Ob nun der gemeinsame Nachbar eine Geliebte haben (3) *will / soll*, man gehört haben (4) *soll / will*, dass der Arbeitgeber Entlassungen im großen Stil plant oder bestimmte Lebensmittel vergiftet sein (5) *sollen / wollen* – in Kürze weiß es ein jeder. Kapferer (6) *soll / will* sogar festgestellt haben, dass die als vertrauliche Mitteilung weitergegebenen Inhalte besonders rasant kursieren.

Tipp

*Er **soll** im Lotto gewonnen haben:*
Das habe ich gehört. Ich weiß aber nicht, ob es stimmt.

*Er **will** im Lotto gewonnen haben:*
Das behauptet er. Ich weiß aber nicht, ob es stimmt.

2. Denn (1) *muss / dürfte* nicht der Stellenwert des Wissenden besonders hoch sein, der aus geheimen Quellen schöpft? Das (2) *muss / kann* er nicht für sich behalten wollen. Der bereitwilligen Aufnahme einer nicht offiziell bestätigten Information (3) *müssen / dürften* meist Angst und Unsicherheit zugrunde liegen. Das (4) *kann / muss* der Fall sein bei Inhalten, die den Verdacht nahelegen, es könnte einen selbst treffen. Aber warum interessiert mich die Hochzeit einer prominenten Persönlichkeit? Zum einen (5) *kann / muss* wohl der Grund dafür sein, dem eigenen langweiligen Alltag entfliehen zu wollen, zum anderen aber auch die Schadenfreude, dass

sogar die High Society nicht von Problemen verschont bleibt. Ein Zusammenleben von Menschen ohne Gerüchteküche – das (6) *dürfte / könnte* wohl für alle Zeiten ausgeschlossen werden …

Tipp

Wie sicher bin ich?

Kollege Huber ist heute nicht in die Arbeit gekommen.

ganz sicher	**sehr wahrscheinlich**	**möglich**
*Er **muss** krank sein.* Er ist sicherlich krank. Sonst wäre er hier oder hätte angerufen.	*Er **dürfte** krank sein.* Ich vermute, dass er krank ist. Viele Leute haben momentan die Grippe.	*Er **könnte** krank sein.* Vielleicht hat er aber auch einfach verschlafen.

F2 Moderne Sagen – Subjektive und objektive Modalverben in der Vergangenheit

Ergänzen Sie die folgenden Sätze im Perfekt. Wo möglich, formen Sie bitte den dass-Satz in einen Satz mit subjektivem Modalverb um.

1. Eine alte Dame will ihre Yucca-Palme gießen, als sie plötzlich seltsame Geräusche hört.

   Eine alte Dame *hat ihre Yucca-Palme gießen wollen*, als sie plötzlich seltsame Geräusche *gehört hat*.

2. Sie behauptet, dass sie daraufhin an den Wurzeln der Pflanze eine Vogelspinne entdeckt hat.

   ____

   ____

3. In einem Waldstück bei Ebersberg kann man in manchen Nächten eine weiß gekleidete Frau am Straßenrand sehen.

   In einem Waldstück bei Ebersberg ________________________

   ____

   ____

4. Es wird erzählt, dass sie plötzlich auf der Rückbank sitzt, wenn der Autofahrer nicht anhält.

____

____

____

5. Auch hört man die Geschichte, dass es bei einem Jungen aus einer Kindergartengruppe nach einem Zoobesuch plötzlich aus dem Rucksack tropfte.

   Bei einem Jungen aus einer Kindergartengruppe ____________________

   ____

   ____

6. Der Junge muss seinen Rucksack öffnen und die Kindergärtnerin findet darin einen Pinguin.

   Der Junge ____________________________________

   ____

7. Er möchte so gern so einen süßen Pinguin haben, war seine Erklärung.

   Er ____,

   war seine Erklärung.

Tipp

Modalverb in **objektiver** Bedeutung:
→ Modalverb im Perfekt: *Er hat anrufen sollen.*

Vorsicht hier: Regel vom doppelten Infinitiv
Modalverb in der Vergangenheit + Verb im Infinitiv
→ Modalverb steht auch im Infinitiv (**nicht** im Partizip Perfekt!)
→ Hilfsverb steht vor den beiden Infinitiven!

Modalverb in **subjektiver** Bedeutung:
→ Modalverb bleibt im Präsens, zweites Verb im Partizip Perfekt +*sein/haben*: *Er soll angerufen haben.*

F3 Drohendes Alter – Modalverben und Ersatzformen

Schreiben Sie die Sätze neu und verwenden Sie dabei Modalverben.

1. Viele Menschen weigern sich zu akzeptieren, dass sie älter werden.

   Viele Menschen *wollen nicht akzeptieren, dass sie älter werden.*

2. Die Medizin heutzutage vermag Krankheiten, die früher tödlich waren, zu verhindern oder zu heilen.

   Die Medizin heutzutage ______________________________

   ____

3. Daraus ergibt sich für die Gesellschaft die Notwendigkeit, eine wachsende Anzahl an alten Personen zu versorgen.

   Die Gesellschaft __________ deshalb ______________________________

   ____

4. Jeder hat den Wunsch, alt zu werden, aber weigert sich, als alt zu gelten.

   Jeder ______________________________, aber keiner ______________________________

   ____

5. Psychologen raten, dass es empfehlenswert ist, eine positive innere Einstellung zum Alter zu finden.

   Psychologen raten, dass man ______________________________

   ____

6. Durch eine entspannte Haltung, die auch die Vorteile und Chancen des Alters sieht, sei man imstande, den körperlichen und geistigen Alterungsprozess hinauszuzögern oder zu verlangsamen.

   Durch eine entspannte Haltung, die auch die Vorteile und Chancen des Alters sieht,

   ____

   ____

   ____

F4 Multiple Intelligenz – Modalitätsverben + *zu* + Infinitiv und Umformung

Markieren Sie die Modalitätsverben mit *zu* und schreiben Sie dann die Sätze in Sätze mit Modalverben um.

1. Das Modell der multiplen Intelligenz ist vielfacher Kritik ausgesetzt, da es bis heute mit Intelligenztests schwer oder gar nicht zu überprüfen ist.

   Das Modell der multiplen Intelligenz ist vielfacher Kritik ausgesetzt, da es bis heute mit Intelligenztests *schwer oder gar nicht überprüft werden kann.*

2. Dennoch ist es besonders im Rahmen der Persönlichkeitsforschung und der Pädagogik nicht zu vernachlässigen.

   Dennoch ______________________ im Rahmen der Persönlichkeitsforschung und der Pädagogik nicht ______________________

3. Demnach weiß ein Mensch mit sprachlich-linguistischer Intelligenz den sprachlichen Ausdruck besonders gut zu gebrauchen, während ein mit mathematisch-logischer Intelligenz ausgestatteter Mensch außergewöhnlich gut und schnell logische Probleme zu lösen versteht.

   Demnach ________ ein Mensch mit sprachlich-linguistischer Intelligenz den sprachlichen Ausdruck besonders ______________________, während ein mit mathematisch-logischer Intelligenz ausgestatteter Mensch ______________________

   ____

   ____

4. Wenn jemand diese beiden Fähigkeiten nicht mitbringt, braucht er allerdings nicht als dumm zu gelten, denn es gibt diverse andere Gebiete, die gut entwickelte geistige Fähigkeiten verlangen.

   Wenn jemand diese beiden Fähigkeiten nicht mitbringt, ______________________

   ____,

   denn es gibt diverse andere Gebiete, die gut entwickelte geistige Fähigkeiten verlangen.

5. So hat man von emotionaler Intelligenz zu sprechen, wenn jemand sowohl empathiefähig ist als auch die eigenen Verhaltensweisen gut zu verstehen und zu steuern weiß.

   So ______________________________

   ______________, wenn jemand sowohl empathiefähig ist als auch ______________

   ____

   ____

6. Doch auch die musisch-rhythmische wie auch die bildlich-räumliche Intelligenz ist nicht zu vernachlässigen, denn auch Komponisten und Musiker oder Maler und Architekten sind als mit hervorragenden Talenten ausgestattete Menschen zu betrachten.

   Doch auch die musisch-rhythmische wie auch die bildlich-räumliche Intelligenz

   ______________________________, denn auch Komponisten

   und Musiker oder Maler und Architekten ____________ als mit hervorragenden

   Talenten ausgestattete Menschen ______________________________

7. Ebenso ist körperlich-kinästhetische Intelligenz nicht zu vergessen, wie sie bei Athleten, Chirurgen, Physiotherapeuten oder Mechanikern zu finden ist, also Menschen, die ihren Körper zur Lösung eines Problems einzusetzen wissen.

   Ebenso ________ körperlich-kinästhetische Intelligenz, wie sie bei Athleten,

   Chirurgen, Physiotherapeuten oder Mechanikern ______________________

   ________, die ihren Körper zur Lösung eines Problems ______________________

8. Schlussendlich sind auch Menschen mit bemerkenswerter Sensibilität für die Natur und ihre Umwelt nicht zu übersehen, Naturforscher, Tierärzte, Köche sowie so manche einfachen Hirten, die als mit naturalistischer Intelligenz ausgestattet zu betrachten sind.

   Schlussendlich ____________ auch Menschen mit bemerkenswerter Sensibilität für

   die Natur und ihre Umwelt nicht ______________________________,

   Naturforscher, Tierärzte, Köche sowie so manche einfachen Hirten, die als mit

   naturalistischer Intelligenz ausgestattet ______________________________

F

F5 Studium Generale – Subjektloses Passiv

Formen Sie die Sätze in Sätze ohne *es* um.

Mit dem Angebot eines ‚Studium Generale' nehmen Hochschulen und Volkshochschulen den humanistischen Bildungsauftrag wahr, allen Menschen Lernen zu ermöglichen:

1. Es werden beim Studium Generale (S.G.) Themen behandelt, die der Allgemeinbildung förderlich sind.

   Beim S.G. werden Themen behandelt, die der Allgemeinbildung förderlich sind.

2. Es werden zu diesem Studium alle interessierten erwachsenen Personen zugelassen.

3. Es werden im Rahmen dieses Studiums die zentralen Fragestellungen des Lebens interdisziplinär bearbeitet.

4. Es wird an manchen Hochschulen auch Studienanfängern ein einjähriges Studium Generale angeboten, das den Studierenden eine fundierte Entscheidung für einen Studiengang erleichtern soll.

5. Es werden dabei Schlüsselkompetenzen vermittelt, die über das reine Fachwissen hinausgehen.

6. Es wird beim Abschluss des Studiums kein akademischer Grad verliehen.

F6 Eine leicht zu lernende Sprache – Passiversatzformen

Ergänzen Sie die jeweils fehlende Form wie im Beispiel 1, wenn möglich.

1. eine Krankheit, die schwer behandelt werden kann:

eine schwer zu behandelnde Krankheit	*eine Krankheit, die sich schwer behandeln lässt*	*eine Krankheit, die schwer zu behandeln ist*

2. eine Entwicklung, die häufig beobachtet werden kann:

3. Geräte, die einfach vernetzt werden können:

4. ein Faktor, der ernst genommen werden muss:

5. ein Vertrag, der jederzeit gekündigt werden kann:

6. die Rückzahlung, die umgehend geleistet werden soll:

7. die Kontrolle, die regelmäßig durchgeführt werden muss:

Was ist richtig? Kreuzen Sie an.

1. Passiv mit *können* kann man ersetzen durch

   ○ Gerundiv

   ○ *sich lassen* + Infinitiv

   ○ *sein* + *zu* + Infinitiv

2. Passiv mit *müssen* oder *sollen* kann man ersetzen durch

   ○ Gerundiv

   ○ *sich lassen* + Infinitiv

   ○ *sein* + *zu* + Infinitiv

F7 Ich muss diesen Satz erklärt bekommen. – Passiversatz *bekommen* + Partizip II

Schreiben Sie den Aktivsatz in einen Satz mit passiver Bedeutung um. Verwenden Sie dabei wie im Beispiel die Passiversatzform *bekommen* + Partizip II.

1. Die Eltern schenken ihrer Tochter zum Geburtstag ein Pferd.

   Die Tochter bekommt zum Geburtstag ein Pferd geschenkt.

2. Der IT-Spezialist zeigt den Mitarbeitern die Funktionen des neuen Kopierers.

   ____

   ____

3. Meine Lehrerin muss mir diesen Satz noch einmal genau erklären.

   ____

   ____

4. Die Firma erstattet Herrn Müller die Auslagen für die Geschäftsreise.

5. Deine Firma hat dir tatsächlich die Stelle als Personalleiterin angeboten? Gratuliere!

6. Die Buchhandlung schickt einem die bestellten Bücher umgehend zu.

7. Das Möbelgeschäft hat mir das Sofa erst zwei Monate später geliefert.

8. Das Finanzamt hat mir mitgeteilt, dass ich vierteljährlich Steuervorauszahlungen leisten soll.

9. Die Bank sendet dem Kunden das Kennwort für sein Bankkonto per Post zu.

Tipp

Sätze mit *bekommen* + Partizip II können Sie mit folgenden Verben bilden: *schenken, zeigen, erklären, erstatten, anbieten, zuschicken, liefern, mitteilen, senden* etc.

F8 Umfahren oder umfahren – Präfixe in trennbarem und nicht trennbarem Gebrauch

Ergänzen Sie das Verb in der korrekten Form. Entscheiden Sie, ob es in dem jeweiligen Satz getrennt oder nicht getrennt verwendet wird.

1. übersetzen: hier / keine Brücke / es gibt / , / aber / dieses kleine Boot / die Leute

   Hier gibt es keine Brücke, aber dieses kleine Boot setzt die Leute über.

2. übersetzen: für eine Hochzeit im Ausland / alle Unterlagen / müssen

   ____

   ____

3. durchkreuzen: er / die falsche Lösung

   ____

4. durchkreuzen (Perfekt): das schlechte Wetter / alle Pläne für das Fest

   ____

   ____

5. sich unterstellen (Perfekt): bei dem starken Regen / ich / in einem Hauseingang

   ____

   ____

6. unterstellen: Der Staatsanwalt / dem Angeklagten / den Überfall schon lange geplant zu haben

   ____

   ____

7. umfahren (Perfekt): der Bankräuber / bei seiner Flucht / die Straßensperre / deshalb war sein Auto kaputt

   ____

   ____

   ____

8. umfahren (Perfekt): der Taxifahrer / den Stau auf der Bundesstraße / geschickt

____

____

9. durchbrechen (Perfekt): endlich / die Sonnenstrahlen / die dicke Wolkendecke

____

____

10. durchbrechen (Perfekt): der starke Sturm / den dicken Ast / in der Mitte

____

____

Tipp

Wenn das Präfix betont ist:	trennbar (*Ich fahre das Schild **um**.*)
Wenn das Präfix nicht betont ist:	nicht trennbar (*Ich um**fah**re den Stau.*)

Er übersetzt den Text.

Er setzt den Jungen über.

F9 Die Nordwestpassage – Präfixe in trennbarem und nicht trennbarem Gebrauch

Schreiben Sie wie im Beispiel die Satzteile neu, die mit dem Verb in Klammern stilistisch besser ausgedrückt werden können. Achten Sie darauf, ob das Verb getrennt wird oder nicht.

1. Magellan hatte 1520 einen Seeweg von Spanien nach Asien entdeckt, bei dem er um Südamerika herumfuhr. (umfahren)

   ..., *bei dem er Südamerika umfuhr.*

2. Seither suchten Geografen und Seefahrer nach einer Möglichkeit, auch durch das Nordpolarmeer zu fahren (durchkreuzen), um den Weg von Europa nach Ostasien zu verkürzen.

   ..., ______________________

   ____

3. Wie manche andere versuchte James Cook es auch, scheiterte jedoch wie seine Vorgänger. (einen Versuch unternehmen)

   ____

   ____

4. Traurige Berühmtheit erreichte John Franklin mit seiner Expedition 1845, von der er nicht nach Hause zurückkam. (wiederkommen)

   ..., ______________________

   ____

5. Kein einziger der Schiffsbesatzung war am Leben geblieben, denn bei den Suchaktionen in den folgenden Jahren wurden nur Leichen von einigen Expeditionsteilnehmern gefunden. (überleben)

   ____

   ____

6. Es wurde nach möglichen Todesursachen gesucht, und es wurden sowohl Spuren von Vergiftung als auch von Kannibalismus gefunden. (untersuchen)

   ____

   ____

7. Einige Romane versuchen nachzuvollziehen, was diese Menschen wohl erlebt haben. (durchmachen)

   …, ______________________________

8. Erst 2016 wurde zufällig eines der beiden Schiffe der Expedition entdeckt, das weit von der vermuteten Route entfernt im Meer versunken war. (untergehen)

   …, ______________________________

   ____

9. Erst Roald Amundsen gelang die Passage, indem er zweimal im Winter an einem Ort blieb und somit für die Strecke 3 Jahre, von 1903-1906, brauchte. (überwintern, durchfahren)

   …, ______________________________

   ____

10. Amundsens Erfolg wurde in den folgenden Jahrzehnten mehrmals nachgemacht, bis die NASA 2016 meldete, dass die Nordwestpassage aufgrund der Klimaerwärmung weitgehend eisfrei sei. (wiederholen)

   ____

   ____

F10 Hinterher ist man klüger. – Konjunktiv II in der Vergangenheit mit Modalverb

Es wäre nicht passiert, wenn nicht … Ergänzen Sie die Sätze im Konjunktiv II wie im Beispiel.

1. Max hatte in der letzten Mathematik-Schulaufgabe eine 5. Am Abend davor durfte er ins Kino gehen.

   Wenn er am Abend davor nicht hätte ins Kino gehen dürfen, hätte er wahrscheinlich keine 5 geschrieben.

2. Paul ist krank geworden. In den letzten zwei Wochen musste er auch noch die Urlaubsvertretung für seinen Kollegen übernehmen.

   ____

   ____

   ______________________________, wäre er wohl nicht krank geworden.

3. Anna hat einen schlimmen Ausschlag bekommen, denn sie wollte trotz ihrer Allergie unbedingt ein paar Erdbeeren essen.

____

____,

hätte sie sicherlich nicht so einen schlimmen Ausschlag bekommen.

4. Der alte Herr ist gestürzt und musste am Bein operiert werden. Im Krankenhaus ist er dann verstorben.

____

____,

wäre er wahrscheinlich noch am Leben.

5. Die neue Firmenstrategie konnte den Mitarbeitern nicht gut erklärt werden. Deshalb hat es mehrere Streiks gegeben.

____

____

_______________, hätte es bestimmt keine Streiks gegeben.

6. Der Bergsteiger wollte trotz des Schneesturms unbedingt den Gipfel erreichen. Dabei hat er sich schlimme Erfrierungen zugezogen.

____

____

_______________, hätte er sich nicht schlimme Erfrierungen zugezogen.

Tipp

Im Konjunktiv II gibt es nur eine Vergangenheits-Form:
hätte gemacht
wäre gegangen
Wenn ein Modalverb dazukommt, stehen zwei Infinitive:
hätte machen können
hätte gehen wollen
!Vorsicht! Die Modalverben werden immer mit dem Hilfsverb *haben* gebildet!
Im Nebensatz steht das konjugierte Verb vor den Infinitiven!

F11 Kausalitätsketten – Konjunktiv II in der Vergangenheit mit Modalverb

Was wäre gewesen, wenn (nicht) ...? Die ersten Sätze stellen die Realität dar. Formulieren Sie die Folgesätze mit Konjunktiv II um. Achten Sie dabei auch auf die Satzzeichen und verwenden Sie, wenn vorgegeben, die Wörter in Klammern.

Warum war das Auto in genau derselben Sekunde wie der Zug am Bahnübergang? Die Geschichte begann bereits an der ersten Ampel auf seinem Weg ...

1. Das Auto ist am unbeschrankten Bahnübergang in den Zug gerast. Es musste an der ersten Ampel auf seinem Weg länger warten, weil das Auto vor ihm nicht starten konnte.

   Wäre das Auto am unbeschrankten Bahnübergang nicht in den Zug gerast, wenn es nicht länger an der ersten Ampel auf seinem Weg hätte warten müssen, weil das Auto vor ihm nicht starten konnte?

2. Das Auto vor ihm konnte nicht starten. Es konnte tags zuvor in der Werkstatt nicht repariert werden. Der Azubi konnte den Fehler nicht finden.

   Und ______________________________,

   wenn es tags zuvor ______________________________

   ______________ und der Azubi ______________________

   ______________________________?

3. Sein Chef hat an diesem Nachmittag nicht gearbeitet. Er musste wegen Halsschmerzen früher nach Hause gehen.

   Eigentlich ______________________________

   ____________ sollen, wenn er nicht wegen Halsschmerzen ____________

   ______________________________.

4. Am Abend davor musste er auf eine Versammlung gehen und ist auf dem Heimweg von einem Gewitterregen völlig durchnässt worden.

   Wenn er am Abend davor ______________________________

   ____

   ____

   ______________________________.

5. Eigentlich wollte er den Regenschirm mitnehmen, doch er konnte ihn nicht finden, weil ihn seine Tochter in der Schule vergessen hatte.

   Wenn seine Tochter den Regenschirm nicht in der Schule ________________

   ____

   ____.

6. Er ist beim nächtlichen Gewitter völlig durchnässt worden. Am nächsten Tag hat er Halsschmerzen bekommen.

   Wenn er ____

   ____

   ____.

7. Der Bahnübergang sollte längst mit einer Schranke ausgestattet werden.

   ____

   ____?

8. Die Planung hat der Bürgermeister nicht unterschrieben. (müssen)

   Die Planung ____________________________ nur noch ____________

   ____.

9. Doch sein Sohn hatte sich jeden Tag über die Schlaglöcher in der Straße vor ihrem Haus geärgert. Auf der Straße konnte er nicht gut skaten. (auf einer glatten Straße viel schneller)

   Doch sein Sohn hatte sich jeden Tag über die Schlaglöcher in der Straße vor ihrem

   Haus geärgert, weil er ________________________________

   ____.

10. Die Straße sollte erst im nächsten Quartal ausgebessert werden.

    Also hatte sein Vater die Straße, die erst ________________________

    ____, als Bau-Projekt

    vorgezogen und die Schranke warten lassen.

Wer ist nun am Unfall schuld – die Tochter des Werkstattbesitzers oder der Sohn des Bürgermeisters?

F12 Grillsaison – Indirekte Rede: Fragen und Imperativ

Geben Sie das folgende Interview in indirekter Rede wieder. Verwenden Sie für die Empfehlungen möglichst Modalverben.

Pünktlich zu Beginn der Grillsaison holt die Zeitschrift *Leben draußen (L.d.)* Ratschläge des bekannten Ernährungswissenschaftlers Dr. Barbecue *(Dr. B.)* ein, wie die Leserinnen und Leser ohne schlechtes Gewissen einen Grillabend genießen können.

L.d.: Welche Menge an Fleisch, die an einem Grillabend verzehrt wird, ist noch gesund?

Dr. B.: Essen Sie nicht mehr als etwa 150 g pro Person. Mehr Eiweiß kann der Körper auf einmal nicht verarbeiten.

Auf die Frage, *welche Menge an Fleisch, die an einem Grillabend verzehrt wird, noch gesund sei*, antwortet Dr. B., ______________________________ ______________________________, da der Körper __________ ______________________________ (1)

L.d.: Was für ein Fleisch empfehlen Sie?

L.d. möchte wissen, ______________________________ (2)

Dr. B.: Auf jeden Fall ist es besser, zu Hühner- oder Putenfleisch zu greifen, da rotes Fleisch das persönliche Risiko erhöht, an Darmkrebs zu erkranken.

Der Ernährungswissenschaftler erwidert, man ______________________________ ______________________________ ______________________________ (3)

L.d.: Gibt es auch Fleisch, das gar nicht gegrillt werden sollte?

Nun möchte *L.d.* Informationen darüber, ______________________________ ______________________________ (4)

Dr. B.: Vermeiden Sie unbedingt, gepökeltes Fleisch wie Speck, Kassler oder Wiener Würstchen zu grillen, da das Pökelsalz bei über 150 Grad krebserregende Nitrosamine entwickelt!

Dr. B. bejaht dies. Man ______________________________ ______________________________ ______________________________ ______________________________ (5)

L.d.: Könnten Sie bitte unseren Leserinnen und Lesern einen Tipp geben, wie man das Grillen genießen kann, ohne seine gute Figur zu verlieren?

Für die Leser, die ihre gute Figur behalten wollen, bittet *L.d., Dr. B.* ______________________

____

____ (6)

Dr. B.: Natürlich. Essen Sie keine Bratwurst, die zu einem Viertel aus Fett besteht, sondern kaufen Sie lieber Hühnerfleisch, Schnitzel oder Hackfleisch!

Auch hier hat dieser eine Antwort. ______________________________________

____

____

____ (7)

L.d.: Wie sieht es denn bei einer Diät mit Fisch aus?

Nun interessiert *L.d.*, ____

____ (8)

Dr. B.: In Bezug auf den Fettanteil sind hier Forelle oder Lachs erlaubt.

L.d. erfährt, dass in Bezug auf den Fettanteil Forelle oder Lachs ____________

____ (9)

Tipp

Empfehlungen, Ratschläge, Tipps, Bitten oder Anweisungen gibt man in der indirekten Rede mit Modalverben wieder:

er möge:	höfliche Bitte
er müsse:	dringende Empfehlung / Anweisung
er dürfe nicht:	dringende Empfehlung / Verbot
er solle:	neutrale Empfehlung, Ratschlag, Tipp
er solle nicht:	negative Empfehlung, Ratschlag, Tipp

F13 Gefahr aus der Küche – Redewiedergabe durch Präpositionen und die Konjunktion *wie*

Schreiben Sie den Satz in indirekter Rede mit der Präposition in Klammern oder der Konjunktion *wie* neu.

1. Die Ernährungswissenschaftlerin Senta Koch meint, dass man auf keinen Fall schwarze Stellen vom Grillfleisch essen dürfe. (laut)

   Laut der Ernährungswissenschaftlerin Senta Koch darf man auf keinen Fall schwarze Stellen vom Grillfleisch essen.

2. Professor Dr. Peters berichtet, dass die Oxalsäure im Spinat Knochen und Zähne schädigen könne. (gemäß)

   ____

3. In der Studie einer amerikanischen Universität wird behauptet, dass mäßiger Genuss von Rotwein Herz-Kreislauf-Erkrankungen vorbeugen könne. (zufolge)

   ____

4. In ihrem Vortrag erklärt Frau Dr. Kirchhof ihren Zuhörern, dass Zucker die Leistungsfähigkeit des Immunsystems herabsetze und den Körper somit anfälliger für Krankheiten mache. (wie)

   ____

5. Der Küchenchef Fred Laber empfiehlt, man solle Pilze höchstens einmal wieder aufwärmen, da es sonst zu Übelkeit und Durchfall kommen könne. (nach)

   ____

G Satz

G1 Kaffee – Variationen der Satzstellung im Vorfeld und Nachfeld

Kann der markierte Satzteil im Vorfeld oder im Nachfeld stehen? Schreiben Sie eine Satzvariante.

1. Wir haben, einer Legende nach, der Neugier einiger äthiopischer Ziegen das Wissen um die belebende Wirkung der Früchte des Kaffeestrauchs zu verdanken.

   ☒ Vorfeld ☐ Nachfeld

   Der Neugier einiger äthiopischer Ziegen haben wir, einer Legende nach, das Wissen um die belebende Wirkung der Früchte des Kaffeestrauchs zu verdanken.

2. Ein paar Hirten in der Region Kaffa sollen beobachtet haben, dass die Tiere nach dem Genuss dieser Früchte nachts länger wach und unternehmungslustiger als ihre Artgenossen waren.

   ☐ Vorfeld ☐ Nachfeld

3. Weitere Zufälle waren notwendig, bis die richtige Zubereitungsart des Kaffees, das Rösten, Mahlen und Aufbrühen der Bohnen, entdeckt wurde.

   ☐ Vorfeld ☐ Nachfeld

4. Die ersten Kaffeebohnen waren vermutlich im 14. Jahrhundert durch Sklavenhandel nach Arabien gelangt.

   ☐ Vorfeld ☐ Nachfeld

5. Dort wurde Kaffee aber erst hundert Jahre später geröstet und getrunken.

   ☐ Vorfeld ☐ Nachfeld

6. In der Folgezeit kann die Ausbreitung der Kaffeekultur wie eine langsame Eroberung der Welt gesehen werden.

   ☐ Vorfeld ☐ Nachfeld

7. Im Osmanischen Reich wurde der Kaffeegenuss jedoch bis Anfang des 19. Jahrhunderts verboten.

   ☐ Vorfeld ☐ Nachfeld

8. In Preußen war die Zubereitung von Kaffee zu Zeiten Friedrichs des Großen nicht Privatleuten, sondern nur staatlichen Einrichtungen erlaubt.

☐ Vorfeld ☐ Nachfeld

9. Johann Wolfgang von Goethe hatte einst empfohlen, Kaffeebohnen zu destillieren, um seine Wirkstoffe zu analysieren, wodurch später das im Kaffee enthaltene Koffein entdeckt wurde.

☐ Vorfeld ☐ Nachfeld

Tipp

Vorfeld
- Adverbiale Ergänzung (4.)
- Partizip II (9.)
- Passiv (5., 7.)
- Betonung eines Satzteils (1.)

Nachfeld
- Vergleiche mit *als* und *wie* (2., 6.)
- Erklärungen, Nachträge (3.)
- Sätze mit *sondern* / *oder* (8.)

G2 Zerstörerische Himmelskörper – Konditionalsätze mit und ohne *wenn*

Ändern Sie alle Sätze mit *wenn* in Konditionalsätze ohne *wenn* um.

1. Wenn einer der vielen Asteroiden, die im Universum unterwegs sind, tatsächlich in die Erde einschlägt, hat das schwerwiegende Konsequenzen für alles Leben.

   Schlägt einer der vielen Asteroiden, die im Universum unterwegs sind, tatsächlich in die Erde ein, hat das schwerwiegende Konsequenzen für alles Leben.

2. Wenn die Ergebnisse einer Studie zum Aussterben der Dinosaurier richtig sind, ist auch dieses Geschehen auf einen Asteroiden zurückzuführen – ein Geschehen, das jederzeit wieder der Erde drohen könnte.

3. Wenn es dazu kommen sollte, ist die Wahrscheinlichkeit, dass der Himmelskörper auf das Meer trifft, sehr groß, da 70 % der Erdoberfläche mit Meeren bedeckt sind.

4. Wenn ein so großer und unendlich heißer Gesteinsbrocken ins Meer eintaucht, kommt es zu Tsunamis, allerdings verdampft auch eine riesige Menge an Wasser.

5. Wenn der Wasserdampf bis in die Stratosphäre aufsteigt, kann er dort jahrelang bleiben und das Klima schwerwiegend verändern.

6. Wenn jedoch ein Meteorit von 1,5 Kilometern Durchmesser, wie vor 15 Millionen Jahren im Nördlinger Ries, auf Land trifft, entsteht ein Krater von 25 Kilometern Durchmesser.

7. Wenn das passiert, ist in einem weiten Umkreis kein Leben mehr möglich, und die weiteren Auswirkungen würden die Erde zu einem lebensfeindlichen Raum machen.

8. Wenn durch die Brände große Mengen Ruß in die Atmosphäre gelangen, dringt kein Sonnenlicht mehr durch.

9. Wenn das Sonnenlicht fehlt, sinken die Temperaturen rapide und es ist für Pflanzen, Tiere und schließlich auch für den Menschen kein Leben mehr möglich.

Tipp

Einige Konditionalsätze ohne *wenn* werden zu Partizipialgruppen verkürzt und wie feste Ausdrücke gebraucht:
Wenn man annimmt, dass die Mitglieder zur Versammlung vollzählig erscheinen, ...
Nimmt man an, dass die Mitglieder zur Versammlung vollzählig erscheinen, ...
Angenommen, dass die Mitglieder zur Versammlung vollzählig erscheinen, ...

G3 Ein Theater! – Partizipialgruppen

Ergänzen Sie die passenden Ausdrücke aus dem Schüttelkasten.

angenommen • oberflächlich betrachtet • aufs Jahr hochgerechnet • ~~abgesehen von~~ • offen gesagt • streng genommen • anders formuliert • im Grunde genommen • verglichen mit

1. Abgesehen von deinen Hausschuhen siehst du in diesem Anzug sehr elegant aus – aber die ziehst du ja nicht ins Theater an, oder?
2. ________________ letztem Jahr sind wir in diesem Jahr wirklich noch nicht oft ausgegangen. Erst zwei Mal, und wir haben schon Juni!
3. ________________ macht das sechs Mal – findest du das in Ordnung?
4. ________________ hast du doch heute Abend auch keine Lust, ins Theater zu gehen, gib's doch zu!
5. ________________, ich würde deine Karte Anna schenken und mit ihr ins Theater gehen, wärst du dann glücklicher?
6. ________________ gehe ich auch lieber mit jemandem ins Theater, der nicht ständig auf die Uhr schaut.
7. ________________ kannst du meinetwegen einfach zu Hause bleiben und fernsehen.
8. ________________ geht es jetzt einfach um einen Theaterbesuch heute Abend, aber ________________ haben wir eine massive Ehekrise!

G4 Kommunikation im Unternehmen – Negative Konsekutivsätze

Verbinden Sie mit dem Ausdruck in Klammern die beiden Sätze.

1. Die Kommunikationskanäle sind heutzutage vielfältig. Sie können nicht ohne Absprachen in einem Betrieb genutzt werden. *(zu ..., als dass)*

   Die Kommunikationskanäle sind heutzutage zu vielfältig, als dass sie ohne Absprachen in einem Betrieb genutzt werden könnten.

2. Mitunter sind die Störungen durch Kollegengespräche oder Telefon häufig. Man kann nicht konzentriert und effizient seine Arbeit erledigen. *(zu ..., um ... zu)*

3. Muss man wegen einer dringenden Angelegenheit kurz telefonieren, sollte man sich darüber klar sein, dass ein Telefonat selten zuverlässig dokumentiert wird. Sein Inhalt kann nicht jederzeit mühelos nachvollzogen werden. *(zu ..., als dass)*

4. Auch Instant-Messaging ist zwar schnell und direkt, aber häufig inflationär. Es kann kein aufs Wesentliche beschränktes und einfach nachvollziehbares Prozedere gewährleisten. (*zu ..., um ... zu*)

5. E-Mails geben mehr zeitlichen Freiraum im Hinblick auf die Beantwortung, sind aber auch bezüglich der Archivierung sehr der Eigenverantwortung der Empfänger überlassen. Sie bieten sich nicht für dringende und wichtige Arbeitsprozesse an. *(zu …, um … zu)*

6. Wikis und Blogs geben die Möglichkeit, Arbeitsergebnisse im Prozess für viele festzuhalten, wobei diese Medien jedoch ergebnisorientiert sind. Sie sind nicht für kleinschrittige Nachrichtenübermittlung geeignet. *(zu …, als dass)*

Tipp

Die bekannte Satzkonstruktion *so …, dass* + Negation …
Er ist so schwach, dass er nicht aufstehen kann.
… kann ersetzt werden durch:
Er ist zu schwach, als dass er aufstehen könnte. → **zu …, *als dass* + Konjunktiv II**
Er ist zu schwach, um *aufstehen* zu können. → ***zu …, um … zu***

G5 Mobbing am Arbeitsplatz – Konnektoren: kausal, konzessiv und final

Formulieren oder stellen Sie so um, dass Sie die beiden Sätze mit einem Konnektor aus dem Schüttelkasten verbinden können.

dafür • zwar … aber • ~~um … zu~~ • selbst wenn • da • deswegen • damit • zumal

1. Mobbing findet im menschlichen Miteinander statt, in Schule, Verein, Bekanntenkreis oder Arbeitsleben. Eine Person soll aus dieser Gemeinschaft ausgegrenzt werden.

   Mobbing findet im menschlichen Miteinander statt, in Schule, Verein, Bekanntenkreis, um eine Person aus dieser Gemeinschaft auszugrenzen.

2. Häufig führt Mobbing in Unternehmen tatsächlich dazu, dass das Opfer die Firma verlässt. Das für eine befriedigende Zusammenarbeit notwendige Vertrauensverhältnis ist zerstört.

3. Ein Mobbing-Opfer geht vor Gericht und verklagt seine Firma. Es kann kein Erfolg garantiert werden.

4. Die Fristen, innerhalb derer man juristische Hilfe anfordern kann, verstreichen schnell. Viele Betroffene wollen sich nicht auf eine gerichtliche Auseinandersetzung einlassen.

5. Trotz seelisch belastender Arbeitsbedingungen wollen sie einen sicheren Arbeitsplatz nicht aufgeben. Sie nehmen die täglichen Angriffe in Kauf.

6. Die Betroffenen befinden sich in einem Teufelskreis. Die erfahrene Verunsicherung führt dazu, dass sie in ihrer Arbeit tatsächlich mehr Fehler machen.

7. Es ist schwierig, solch eine Situation zu ertragen. Sport, generell Hobbys, und auch soziale Kontakte können helfen.

8. Auf jeden Fall sollten Mobbing-Opfer Hilfe bei Ärzten oder Psychologen, nicht bei Alkohol oder Tabletten suchen. Es sollte nicht auch noch ein Suchtproblem hinzukommen.

G6 Ein blaublütiges Schlitzohr? – Konnektoren: konditional, temporal, konsekutiv, modal

Markieren Sie den richtigen Konnektor.

Viele Redewendungen benutzt man, (1) *ohne / anstatt* sich darüber im Klaren zu sein, woher sie eigentlich kommen. (2) *Falls / Wenn* man zum Beispiel vom „blaublütigen Adel" spricht, ist wohl kaum anzunehmen, dass das Blut durch den Titel blau gefärbt wurde. Entstanden ist diese Bezeichnung, (3) *als / seit* im europäischen Mittelalter die herrschende Klasse meist sehr hellhäutig war. Man hielt sich wenig draußen auf, und (4) *wenn / andernfalls* doch, dann nur, (5) *indem / als* man seine Haut mit einem Sonnenschirm vor der Sonne schützte. Die Haut war (6) *danach / infolgedessen* so blass, dass die blauen Adern durchschimmerten. (7) *Dadurch / Stattdessen* wurde der Eindruck erweckt, das Blut sei blau und nicht rot.

Und was hat es mit dem Schlitzohr auf sich? Im Mittelalter wurden Betrüger durch Einschlitzen ihrer Ohren bestraft, (8) *folglich / andernfalls* galt ein nicht mehr intaktes Ohr als Warnung für die Mitmenschen. (9) *Solange / Seither* besagt der Ausdruck „Schlitzohr" auch in übertragener Bedeutung, dass man es mit einem raffinierten, auf seinen Vorteil bedachten Menschen zu tun hat.

(10) *Sobald / Solange* sich jemand respektlos oder gar frech äußert, sagt man über ihn, er nimmt sich viel heraus. Doch was nimmt er sich, und woraus? Auch hier bringt der Blick ins Mittelalter Aufklärung, (11) *sofern / während* man sich auf die durchschnittlichen Menschen bezieht. Diese aßen nämlich gemeinsam aus einer großen Schüssel, (12) *andernfalls / daher* war es eine Frage des guten Benehmens, seiner Stellung entsprechend bescheiden und keinesfalls zu viel herauszulöffeln.

G7 Megastädte, eine Herausforderung – Weiterführende Nebensätze

Ergänzen Sie die Konnektoren *was, weshalb/weswegen* und *wo(r)* + Präposition.

In vielen Ländern der Welt ist nach wie vor Landflucht zu verzeichnen, (1) was zu einem Anwachsen der Städte bis hin zu Megastädten führt. Häufig steht für die ständig wachsende Zahl an Einwohnern nicht genug Wohnraum zur Verfügung, (2) ___________ sich an den Stadträndern Slums bilden.

Doch nicht nur die Wohnungsnot, sondern auch Luftverschmutzung, Infrastruktur und Seuchengefahr sind große Herausforderungen, (3) ___________ sich die Städteplaner in Zukunft auseinandersetzen müssen. Doch die Probleme müssen auch schnell gelöst werden, (4) _________ interdisziplinäre Zusammenarbeit unumgänglich ist. Andererseits gibt es Unmengen Arbeitsplätze und ein weites Feld für Umsatz und Verkauf, (5) _____ Chancen für das Wachstum eines Landes bietet.

In Ländern mit hohen Geburtenraten wachsen jedoch die Megastädte unverhältnismäßig schnell, (6) _________ keine der nötigen Weiterentwicklungen in den Städten Schritt halten kann. Die Versorgung der Bevölkerung mit Grundnahrungsmitteln und Wasser wird weltweit zunehmend problematisch, (7) ______________ in erster Linie die große Anzahl an armen Menschen leidet. Der Zugang zu sauberem Trinkwasser wird oft durch Korruption extrem verteuert, (8) ____________ deren Bekämpfung zu den dringendsten Aufgaben der Politik gehören sollte.

H

H Nominal- und Verbalstrukturen

H1 Doppelbelastung – Nominal- und Verbalstil

Formen Sie die unterstrichenen Satzteile in nominale Ausdrücke um und schreiben Sie die Sätze neu.

1. Den Familienalltag mit dem Beruf zu vereinbaren, stellt junge Paare vor eine schwierige Aufgabe.

   Die Vereinbarkeit vom Familienalltag mit dem Beruf stellt junge Paare vor eine schwierige Aufgabe.

2. Häufig stellen sich junge Eltern eine gerechte Aufteilung der Aufgaben sehr idealistisch vor, was sie optimistisch in die Zukunft blicken lässt.

3. Anfänglich sind sie sehr motiviert (*siehe Tipp!*), alle Rechtsansprüche dem Arbeitgeber gegenüber geltend zu machen, doch das wird mitunter dem Betriebsalltag nicht gerecht.

4. Die Erziehungszeit für den Mann wird in den Betrieben manchmal nur schwer oder gar nicht umgesetzt.

5. Viele Männer fürchten negative Auswirkungen auf ihre Karriere, wenn sie Teilzeitarbeit oder Erziehungsurlaub in Anspruch nehmen, und so geben sie diesen Plan auf.

6. In vielen jungen Familien ist es immer noch nur die Mutter, die versucht, Beruf und Kinder unter einen Hut zu bringen.

7. Aber auch viele Väter leiden darunter, maximal im Beruf gefordert zu sein und sich gleichzeitig genug Zeit mit der Familie zu wünschen.

____

____

____

____

Tipp

In nominalen Konstruktionen gibt es einige Veränderungen, zum Beispiel:
eine zusätzliche Präposition:

sie wünschen sich mehr Zeit → *ihr Wunsch* ***nach*** *mehr Zeit*
sie fürchten negative Auswirkungen → *ihre Furcht* ***vor*** *negativen Auswirkungen*

Adverbien verändern sich zu Adjektiven:

sie geben ***viel*** *aus* → *die* ***hohen*** *Ausgaben (auch* ***groß / stark****)*
er joggt ***viel*** → *sein* ***häufiges*** *Joggen*
sie geben ***wenig*** *aus* → *die* ***geringen*** *Ausgaben (auch* ***niedrig****)*
sie ist **sehr** glücklich → ihr **großes** Glück

H2 Die weite Welt – Nominalisierung: Infinitiv- und dass-Sätze

Formen Sie die Sätze um und ergänzen Sie jeweils entweder die Nominal- oder die Verbalform.

1. Eine Zeit lang im Ausland zu arbeiten, *Eine zeitweise Arbeit im Ausland*

   ... ist für die Persönlichkeitsentwicklung und die berufliche Karriere gut.

2. ______________________ Die genaue Planung des Aufenthalts ...

   ____

   ... ist dringend anzuraten.

3. Dass gut ausgebildete Arbeitnehmer bevorzugt werden, ... ______________________

   ____

   ____

   ... ist eine Tatsache in fast jedem Land.

4. Die jeweiligen Visumsvorschriften zu beachten, ...

____

____

____

... ist außerdem eine unumgängliche Voraussetzung.

5. ______________________ Die Bevorzugung bestimmter Berufsgruppen ...

____

____

... kann manchmal weitere Chancen bieten.

6. Im europäischen Ausland Arbeit zu suchen, ...

____

____

... ist für jeden EU-Bürger erlaubt.

7. ______________________ Die gute Beherrschung der Landessprache ...

____

____

... ist ein weiteres Muss.

8. Im interkulturellen Miteinander kompetent zu sein, ...

____

____

____

... ist zur Vermeidung von unangenehmen Erlebnissen wesentlich.

9. Die Hilfe, die von international agierenden Jobbörsen angeboten wird, ...

____

____

____

... erleichtert sowohl die Jobsuche als auch die Organisation aller übrigen Notwendigkeiten.

H3 Nicht so akademisch, bitte! – Verbalisierung nominaler Ausdrücke

Welcher nominale Ausdruck gehört zu welchem Nebensatz?

1. bei Nichtbeachtung der Vorschriften
2. infolge der Schwere des Unfalls
3. ohne Kürzung des Gehalts
4. trotz des Sturms
5. nach der Inbetriebnahme des Geräts
6. zur Vermeidung höherer Kosten
7. bis zum Beginn des Meetings
8. bei Aktivierung des Passwortes
9. während des Kochvorgangs
10. wegen der hohen Temperaturen
11. aus Furcht
12. vor Freude
13. aufgrund des EU-Beitritts
14. seit der verheerenden Niederlage
15. vor dem Besuch des Vorstands
16. für eine Verbesserung der Zustände
17. durch Verdunkelung des Zimmers
18. statt einer Entschuldigung

a) obwohl es stürmt
b) damit höhere Kosten vermieden werden
c) der Unfall war so schwer, dass
d) anstatt sich zu entschuldigen
e) da das Land der EU beigetreten ist
f) weil er so Angst hat
g) wenn das Passwort aktiviert wird
h) bis das Meeting beginnt
i) seitdem sie so hoch verloren haben
j) während es kocht
k) bevor der Vorstand ... besucht
l) indem das Zimmer verdunkelt wird
m) wenn man die Vorschriften nicht beachtet
n) weil es so heiß ist
o) um die Zustände zu verbessern
p) weil sie sich so freut
q) ohne das Gehalt zu kürzen
r) nachdem das Gerät in Betrieb genommen wurde

1	2	3	4	5	6	7	8	9	10	11	12	13	14	15	16	17	18
m																	

H4 Großstadtverkehr – Nominalisierung von Nebensätzen

Wandeln Sie den unterstrichenen Satzteil in einen nominalen Ausdruck um.

1. Weil der Verkehr in den Großstädten stark zugenommen hat, wird die Frage nach der Lebensqualität von Stadtbewohnern laut.

   Wegen der starken Zunahme des Verkehrs in den Großstädten wird die Frage nach der Lebensqualität von Stadtbewohnern laut.

2. Wenn die Luft so stark mit Schadstoffen belastet ist, sieht man in manchen Megastädten selbst bei gutem Wetter keinen blauen Himmel mehr.

   ____
   sieht man in manchen Städten selbst bei gutem Wetter keinen blauen Himmel mehr.

3. Die Luft ist so verschmutzt, dass es bei den Menschen vermehrt zu Atemwegserkrankungen kommt.

   ______________________________ kommt es bei den Menschen vermehrt zu Atemwegserkrankungen.

4. Dazu kommt, dass bestimmte Punkte in der Innenstadt, weil sich der Verkehr staut, auch für Feuerwehr oder Notärzte kaum mehr erreichbar sind.

   Dazu kommt, dass bestimmte Punkte in der Innenstadt ______________ ______________ auch für Feuerwehr oder Notärzte kaum mehr erreichbar sind.

5. Indem man beschließt, den Autoverkehr in den Innenstädten zu reduzieren, will man eine allzu hohe Feinstaubbelastung verhindern.

   ____
   in den Innenstädten will man eine allzu hohe Feinstaubbelastung verhindern.

6. Um dieses Ziel zu erreichen, ist es auch nötig, völlig autofreie Zonen einzurichten.

   ______________________________ ist auch ______________
   ______________________________.

7. Obwohl manche Autofahrer verärgert reagieren, überwiegt doch die Zahl der zufriedenen Fußgänger. ______________________________
   ______________ überwiegt doch die Zahl der zufriedenen Fußgänger.

H5 Die Nordsee, ein Baumeister – Partizipialsätze und Varianten

Markieren Sie in den Sätzen alle Partizipien. Formen Sie nun die Partizipialsätze mit den Konnektoren aus dem Schüttelkasten in Nebensätze um.

indem • weil • weil • ~~die~~ • die • während

1. Die ostfriesischen Inseln liegen wie auf eine Perlenkette aufgereiht vor der niedersächsischen Festlandküste.

   Die ostfriesischen Inseln, *die wie auf eine Perlenkette aufgereiht sind,* liegen vor der niedersächsischen Festlandküste.

2. Von den Wellen des Meeres bearbeitet verändert sich die Form der Inseln ständig.

   ____

   ______________ verändert sich die Form der Inseln ständig.

3. Von West nach Ost strömend trägt das Wasser im Laufe der Zeit große Teile der Westküsten der Inseln ab.

   ______________________________ trägt das Wasser im Laufe der Zeit große Teile der Westküsten der Inseln ab.

4. Auf der Ostseite angelagert verändern Sand und Sedimente die Siedlungsmöglichkeiten für die Menschen.

   Sand und Sedimente, ______________________________

   ______________ verändern die Siedlungsmöglichkeiten für die Menschen.

5. Durch Befestigungen verlangsamt beeinflusst diese Inselwanderung nicht mehr so schwerwiegend das Leben der Insulaner.

   ____

   beeinflusst diese Inselwanderung nicht mehr so schwerwiegend das Leben der Insulaner.

6. Früher ausschließlich vom Fischfang lebend, ist heutzutage die zweite große Einnahmequelle der Einwohner der Tourismus.

   ____

   ______________ ist heutzutage die zweite große Einnahmequelle der Einwohner der Tourismus.

I Präpositionen

I1 Mithilfe aussagekräftiger Präpositionen – Präpositionen mit Genitiv

Ordnen Sie zu – was beinhaltet dieselbe Aussage? Vorsicht: Die Satzteile unten sind vermischt!

A) anlässlich dieses großen Ereignisses: b1

B) angesichts der katastrophalen Verhältnisse: ______

C) aufgrund der schlechten medizinischen Versorgung: ______

D) dank des guten Wetters: ______

E) hinsichtlich der Ansteckungsgefahr: ______

F) kraft seines Amtes: ______

G) mangels Kondition: ______

H) mithilfe professioneller Taucher: ______

I) mittels komplizierter Rohrsysteme: ______

J) oberhalb der antiken Siedlung: ______

K) ungeachtet der täglichen Proteste: ______

L) unweit der Flussmündung: ______

a) in der Nähe von
b) ~~weil~~
c) weil (3x)
d) durch die Macht
e) in Bezug auf
f) wenn
g) mit der Unterstützung
h) indem
i) über
j) ohne

1) dieses große Ereignis stattfindet
2) die Kondition fehlt
3) von professionellen Tauchern
4) der antiken Siedlung
5) die Ansteckungsgefahr
6) seines Amtes
7) der Flussmündung
8) man die katastrophalen Verhältnisse bedenkt
9) die täglichen Proteste zu beachten
10) man komplizierte Rohrsysteme verwendet
11) das Wetter gut ist
12) die medizinische Versorgung schlecht ist

Tipp

Manche Präpositionen mit Genitiv stehen in der gesprochenen Sprache auch mit Dativ:

wegen, trotz, während, dank

Wegen des schlechten Wetters bleiben wir zu Hause. (grammatisch korrekt)

Wegen dem schlechten Wetter bleiben wir zu Hause. (umgangssprachlich, akzeptiert)

I2 Die Landshuter Hochzeit – Präpositionen mit Genitiv

Was passt? Markieren Sie die richtige Präposition.

(1) *Ungeachtet / Anlässlich* der Hochzeit des Herzogs Georg von Bayern-Landshut mit Hedwig, der Tochter des polnischen Königs, wurde 1475 in Landshut eines der größten Feste des Mittelalters gefeiert. Seit 1903 erinnern die Landshuter an dieses große Ereignis, indem sie (2) *mithilfe / mangels* genauer Beschreibungen von verschiedenen Chronisten das gesamte Geschehen nachspielen. (3) *Hinsichtlich / Anlässlich* der vielfältigen historischen Quellen gilt die Landshuter Hochzeit sogar als das am besten dokumentierte Fest des Mittelalters. Alle vier Jahre ist der Landshuter Bürgermeister gefordert, (4) *ungeachtet / kraft* seines Amtes feierlich die Festspiele zu eröffnen. Sie sind ein Besuchermagnet, mitgestaltet von der gesamten Landshuter Bevölkerung. (5) *Mithilfe / Ungeachtet* der Anforderungen ihres „neuzeitlichen" Alltags lassen sie sich sogar ihre Haare auf mittelalterliche Länge wachsen. Herzstück des Festspiels ist der Hochzeitszug, der (6) *angesichts / oberhalb* der Altstadt beginnt und bis zur Kirche führt. Die verschiedenen Veranstaltungen zur Unterhaltung der Gäste verteilen sich über das gesamte Stadtzentrum. Besonders beliebt ist der Turnierplatz, (7) *unweit / hinsichtlich* der Isar gelegen. (8) *Angesichts /Ungeachtet* der halben Million Besucher, die zu jedem Festspiel erwartet werden, kommt die Stadt (9) *mittels / mangels* so vieler Unterkünfte und Parkplätze an ihre Grenzen. Und doch werden die Festwochen alle vier Jahre

(10) *hinsichtlich / mittels* großer Anstrengungen des Vereins der Förderer, die dieses kulturelle Ereignis planen, finanzieren und organisieren, und (11) *kraft / dank* des Traditionsbewusstseins der Stadtbewohner immer wieder zu einem unvergesslichen Erlebnis. Vielleicht besuchen Sie (12) *aufgrund / mithilfe* dieser Übung einmal die Landshuter Hochzeit?

13 Dem Dativ zuliebe – Präpositionen mit Dativ

Ordnen Sie zu – was beinhaltet dieselbe Aussage? Vorsicht: Die Satzteile unten sind vermischt!

A) gemäß der Straßenverkehrsordnung: ____
B) samt der ganzen Verwandtschaft: ____
C) fern der Heimat: ____
D) ihrer politischen Überzeugung entsprechend: ____
E) den Eltern zuliebe: d2
F) einem Zeitungsbericht zufolge: ____
G) laut den Aussagen des Regierungssprechers: ____
H) nach der Meinung meines Chefs: ____

a) weit weg
b) mit
c) wie (3x)
d) ~~wegen~~
e) passend zu
f) wenn

1. mein Chef meint
2. meinen Eltern
3. man einem Zeitungsbericht glaubt
4. von der Heimat
5. die Straßenverkehrsordnung es vorschreibt
6. man vom Regierungssprecher hören konnte
7. der ganzen Verwandtschaft zusammen
8. ihrer politischen Überzeugung

Tipp

nach, gemäß und *entsprechend* können nachgestellt werden:

nach Meinung meiner Kollegen / der Meinung meiner Kollegen **nach**
entsprechend ihrer Ausbildung / ihrer Ausbildung **entsprechend**
gemäß Artikel 1 des Grundgesetzes / Artikel 1 des Grundgesetzes **gemäß**

zufolge und *zuliebe* müssen nachgestellt werden:

einem alten Sprichwort **zufolge**
den Kindern **zuliebe**

14 Auf der Suche nach Orientierung – Präpositionen mit Dativ

Ergänzen Sie die passende Präposition aus dem Schüttelkasten.

laut • ~~nach~~ • gemäß • zuliebe • aufgrund • entsprechend • zufolge • samt • fern

Einem bekannten Soziologen (1) *nach* leben wir heute in einer Zeit der pädagogischen Desorientierung. Grenzen setzen und autoritärer Führungsstil sind nicht mehr der heutigen Zeit (2) ________, doch respektlose und fordernde kleine Tyrannen sind auch nicht wünschenswert. (3) ________ dem Familientherapeuten Frank sind die heutigen Eltern schwer verunsichert. Wer versucht, seine Kinder den vielen pädagogischen Ratgebern (4) ________ zu erziehen, wird vollends verwirrt: Eigentlich können Eltern nur Fehler machen, orientieren sie sich an den verschiedenen, häufig widersprüchlichen Ansätzen. In den Haushalten soll Demokratie herrschen, (5) ________ der Forderung, dass wichtige Fragen mit den Kindern zusammen verhandelt werden. Erziehungsexperten (6) ________ ist das Ziel klar: Es sollen selbstbewusste, sozial kompetente und urteilsfähige Menschen heranwachsen, (7) ________ jeglicher angepassten Autoritätsgläubigkeit. Doch was den Kindern (8) ________ gewagt wird, geht häufig über die Kräfte der Eltern, zumal sie meist (9) ________ eines eher autoritären Erziehungsstils ihrer eigenen Eltern nicht auf eigene Erfahrungen aus ihrer Kindheit zurückgreifen können.

I5 Pro und kontra – Fremdwörter als Präpositionen

Formulieren Sie die folgenden Sätze so um, dass Sie die Präpositionen aus dem Schüttelkasten verwenden können.

~~inklusive~~ • pro • versus • exklusive • via • kontra

1. Im Preis der Wohnung sind die Nebenkosten inbegriffen.

   Der Preis der Wohnung *ist inklusive Nebenkosten.*

2. Aufgrund einer technischen Störung fährt die S-Bahn heute über den Höllererplatz zum Flughafen.

   Aufgrund einer technischen Störung ______________________________

   ____

   ____

3. Die Abstimmung der Mitarbeiter fiel für die Einführung der Gleitzeit, aber gegen die Einführung von Schichtdiensten aus.

   Die Abstimmung der Mitarbeiter ______________________________

   ____

   ____

4. In dem Studentenwohnheim ist die Miete ohne die Stromkosten.

   In dem Studentenwohnheim ______________________________

   ____

5. Viele Schulabsolventen wägen lange und unentschieden die Vorteile eines Studiums gegenüber einer Ausbildung ab.

   Viele Schulabsolventen wägen lange und unentschieden die Vorteile eines ________

   ____

   ____

J Pronomen und Adjektive

J1 Umstrittene Sommerzeit – Pronomen *es*: obligatorisch und nicht obligatorisch

Ergänzen Sie im Text das Pronomen *es* wie im Beispiel.

Wird seit der Einführung der Sommerzeit 1980 darüber diskutiert, ob sie positive Auswirkungen hat oder nicht. Befürworter argumentieren, dass durch die Sommerzeit möglich sei, mehr Zeit im Freien zu verbringen. Werden mehr Menschen mit dem lebenswichtigen Vitamin D versorgt. Auch würde Energie gespart, wenn im Sommer sehr spät dunkel wird. Ob das stimmt, ist fraglich. Die Prozentzahl der eingesparten Energie ist minimal, wie Untersuchungen ergeben haben.

Angeblich gibt Statistiken, die eine verminderte Kriminalitätsrate mit der Sommerzeit in Verbindung bringen. Doch die Gegner der Zeitumstellung finden wichtiger, dass Mensch und Tier zweimal pro Jahr durch den verschobenen Rhythmus physisch und psychisch enorm belastet sind. Besonders bei der Umstellung auf die Sommerzeit haben alle schwer, die „verlorene" Stunde zu verarbeiten und die allgemeine Müdigkeit am Arbeitsplatz verursacht einen erheblichen volkswirtschaftlichen Schaden. Dazu kommt in den Tagen der Umstellung zu einer Zunahme an Herzinfarkten um 20 %. Auch in der Forstwirtschaft sind deutlich mehr Wildunfälle zu verzeichnen, da durch die Umstellung viele Arbeitnehmer in der Zeit der Dämmerung, wenn das Wild unterwegs ist, zur Arbeit fahren.

J2 Erdbeben – Adjektivdeklination nach unbestimmten Zahlwörtern

Ergänzen Sie die korrekten Endungen.

Als Erdbeben werden (1) all_e_ messbar_en_ Erschütterungen unseres Planeten bezeichnet. Bei (2) viel_____ klein_____ Erdbeben spürt man allenfalls eine kleine Irritation, während aber bei (3) etlich_____ groß_____ Beben ganze Städte und Landstriche verwüstet werden. Findet das Beben im Meeresboden statt, haben sich im Laufe der Jahrhunderte schon (4) einig___ verheerend___ Tsunamis entwickelt. Für Erdbeben gibt es (5) verschieden___ nachweisbar___ Ursachen wie tektonische Verschiebungen, vulkanische Aktivitäten, Einstürze oder Absenkungen von Hohlräumen oder Erdrutsche. Doch neben den (6) zahlreich_____ natürlich_____ Beben gibt es auch (7) mehrer_____ menschengemacht___ Erschütterungen, wie (8) folgend___ baulich___ Veränderungen der Erde: Sprengungen, Bergbau, Stauseen und so weiter. (9) Wenig___ derartig_____ Aktivitäten in großem Stil bleiben ohne spürbare Konsequenzen. Leider gibt es (10) kein___ absolut zuverlässig___ und genau___ Möglichkeit, Erdbeben vorherzusagen, trotz aller Bemühungen um Frühwarnsysteme. So sind Erdbeben ebenso wie (11) ander___ zerstörerisch___ Naturkatastrophen eine Macht, die das Leben vieler Menschen völlig überraschend überfällt.

Tipp

Artikelwörter:
alle guten Menschen → wie nach definitem Artikel

Adjektive:
einige / etliche / mehrere / viele / wenige / andere / folgende / verschiedene / zahlreiche alte Autos → wie nach Nullartikel

Vorsicht!
viel und *wenig* können auch nicht dekliniert im Singular stehen:
viel frische Energie / wenig neues Wissen

K Wortbildung: Rund ums Verb

K1 Die Milch ist übergelaufen. – Präfixe *durch-, über-, um-* und *unter-*

Ergänzen Sie das passende Verb in der richtigen Form und markieren Sie den Wortakzent. Jedes Verb kommt in trennbarer und in untrennbarer Form vor. Ergänzen Sie die Tabelle.

d**u**rchbrechen/durchbr**e**chen • d**u**rchlaufen/durchl**au**fen • d**u**rchziehen/durchz**ie**hen • **ü**bergehen/überg**e**hen • ~~**ü**berlaufen~~/überl**au**fen • **ü**berziehen/überz**ie**hen • **u**mfahren/umf**a**hren • **u**mgehen/umg**e**hen • **u**mschreiben/umschr**ei**ben • **u**nterstellen/unterst**e**llen • **u**nterziehen/unterz**ie**hen

1. Während ich telefoniert habe, ist die Milch übergelaufen.
2. Ist der Kaffee schon ______________________?
3. Für den Käsekuchen müssen Sie die Eier trennen, die Masse schaumig rühren und zum Schluss den Eischnee ______________________.
4. Der Duft von frischem Kaffee und Kuchen ______________________ den Raum.
5. Nach dem Unfall musste er sich mehreren Operationen ______________________.
6. Wie kann man sich schützen, wenn die Grippe ____________?
7. Die Notaufnahme im Krankenhaus ist am Wochenende immer völlig ____________.
8. Den Autofahrern wird empfohlen, die Unfallstelle weiträumig zu ____________.

9. Es ist kalt geworden. Der Regen ist langsam in Schnee ________________.
10. Bei Glatteis hat der Autofahrer ein Verkehrsschild ________________.
11. Du musst dir eine Regenjacke ________________, wenn du das Fahrrad nehmen willst.
12. In der Tiefgarage können auch Fahrräder ________________ werden.
13. Die neue Straße ____________ den Ortskern und reduziert den Verkehr im Zentrum.
14. Der Zaun ist schon alt und an vielen Stellen ________________.
15. Der Lehrer hat den Schüler komplett ________________ und keine seiner Fragen beantwortet.
16. Wenn du ein Wort nicht weißt, ________________ es einfach!
17. Warum wird mir ________________, dass ich abgeschrieben habe?
18. Manchmal ________________ der Lehrer, aber meistens endet der Unterricht pünktlich.
19. Der Artikel war so schlecht geschrieben, dass er komplett ________________ werden musste.
20. Sie hat ihr Studium in acht Semestern ________________.
21. Alle Bewerber müssen ein Auswahlverfahren ________________.
22. Bildung kann den Teufelskreis der Armut langfristig ________________.

Präfix	*durch-*	*durch-*	*durch-*	*über-*	*über-*	*über-*	*um-*	*um-*	*um-*	*unter-*	*unter-*
trennbar	2	20	14	1	9	11	6	10	19	3	12
untrennbar				7							

Tipp

Die Präfixe *durch-, über-, um-, unter-* können trennbar (Betonung auf dem Präfix) oder untrennbar (Betonung auf dem Verbstamm) sein. Häufig ist die Bedeutung der trennbaren Variante eher konkret und die Bedeutung der untrennbaren Variante eher abstrakt.
*Der Regen **geht** in Schnee **über**.* (konkrete Zustandsveränderung)
*Der Lehrer über**geht** ihn jedes Mal.* (übertragene Bedeutung: Nicht-Beachtung)

K2 An der Uni – Präfix *über-*

Ergänzen Sie das passende Partizip.

überfordert • ~~überfüllt~~ • überfüllt • überlastet • überlaufen • übernommen

1. Das Seminar ist so *überfüllt*, dass es keine Sitzplätze mehr gibt.
2. Manche Studenten brechen ihr Studium ab, weil sie sich hilflos und ________________ fühlen.
3. Mit der Aufnahme eines Doppelstudiums hat sie sich vielleicht ________________.
4. Informatik ist ein sehr beliebter Studiengang, der dennoch nicht ________________ ist.
5. Die U-Bahnen Richtung Universität sind immer ________________.
6. Das Internet ist so langsam! Wahrscheinlich ist der Server gerade ________________.

Tipp

Das Präfix *über-* kann in bestimmten Kontexten die Bedeutung „zu viel" oder „zu sehr" haben. In dieser Bedeutung kommt es oft als Partizip (eines untrennbaren Verbs) vor: *Das Kind ist überfordert.* = Man fordert zu viel von dem Kind.

K3 Sprachprüfung – Präfix *be-*

Ersetzen Sie den markierten Ausdruck durch ein Verb mit dem Präfix *be-*.

1. Die Prüfungsvorbereitung *nimmt viel Zeit in Anspruch* / *beansprucht viel Zeit.*
2. Unsere Lehrer werden *Ihnen gute Ratschläge geben* / ________________.
3. Bei der Erörterung sollten Sie daran denken, *Gründe für Ihre Thesen zu finden* / ________________.
4. Eine gute Aussprache im mündlichen Teil *hat positiven Einfluss auf die Note* / ________________.
5. Ich *habe keinen Zweifel daran* / ________________, dass Sie die Prüfung bestehen werden.
6. Sobald die Prüfungsergebnisse vorliegen, *erhalten Sie eine Nachricht* / ________________.

K4 Mord und Totschlag – Präfix *er-*

Ordnen Sie die passenden Verben a–g den beschriebenen Gewalttaten 1–7 zu. Unterstreichen Sie jeweils die Art der „Waffe".

1. Messerattacke: Ein junger Hamburger wurde vor einem Club mit einem Messer angegriffen und erlag noch am Tatort seinen schweren Verletzungen.
2. Selbstmord: Die Ehefrau entdeckte den 49-jährigen Toten mit einem Strick um den Hals auf dem Dachboden ihres Hauses.
3. Familiendrama: Der Sohn hatte seiner Mutter die Hände um den Hals gelegt und solange zugedrückt, bis sie blau anlief und nicht mehr atmete.
4. Tierquälerei: Sieben wehrlose Katzenbabys wurden mit einem Plastikbeutel in einen Wassertrog gehalten und getötet.
5. Mordprozess: Die Angeklagte hatte den Mann zunächst betäubt und dann ein Kissen auf sein Gesicht gepresst, bis das Opfer keine Luft mehr bekam.
6. Tödliche Prügelei: In der Nacht zum Sonntag endete eine Prügelei unter Jugendlichen für einen der Beteiligten tödlich. Ein Faustschlag ins Gesicht löste eine Hirnblutung aus.
7. Amoklauf: Bei einem Amoklauf an einer Schule in Texas zielte ein ehemaliger Schüler mit einem Gewehr auf mehrere Menschen und verletzte fünf von ihnen tödlich.

a) erschlagen
b) erwürgen
c) erstechen
d) ersticken
e) erschießen
f) ertränken
g) (sich) erhängen

1	2	3	4	5	6	7
c						

Tipp

Das Präfix *er-* hat bei einigen Verben die zusätzliche Bedeutung „mit Todesfolge":
Die Frau wurde gewürgt. (Sie lebt noch.) ↔ *Die Frau wurde erwürgt.* (Sie ist jetzt tot.)

K5 Grippezeit – Verben aus Nomen oder Adjektiven

Bilden Sie aus den Nomen oder Adjektiven in Klammern Verben mit oder ohne Präfix und ergänzen Sie das passende Verb in der richtigen Form.

1. Jährlich *erkranken* Hunderttausende Menschen an Grippe.
   (krank → *erkranken*)
2. Das Grippevirus ____________ sich rasend schnell _____.
   (breit → (sich) __________________)
3. Die echte Grippe ist vom grippalen Infekt zu unterscheiden, bei dem man sich einfach nur ____________________. (kalt → (sich)________________)
4. Ein paar Vorsichtsmaßnahmen wie viel Schlaf und Hygiene oder eine Impfung verhindern bzw. __________________ eine Ansteckung.
   (schwer → __________________)
5. Wichtig ist z. B., sich beim Händewaschen gründlich ___________________.
   (Seife → (sich) ________________)
6. Auch kann das körpereigene Abwehrsystem auf vielfältige Weise __________________________. (stark → ____________)
7. Erst wenn das Immunsystem die Krankheitserreger nicht mehr selbst ________________ kann, wird man krank. (Kampf → _________________)
8. _____________ Sie sich mit Vitaminen gegen die Viren!
   (Wappen → (sich) _____________)
9. Am besten wäre es, den Winter zu ________________ und in den Süden zu _____________. (kurz → ________________, Flucht → ______________).

Tipp

Aus Nomen und Adjektiven können Verben mit und ohne Präfix gebildet werden.
Dabei kann der Stammvokal umgelautet werden.
Film → filmen → verfilmen, Traum → träumen → (sich) erträumen
weit → weiten → ausweiten, warm → wärmen → aufwärmen
trocken → trocknen → abtrocknen, offen → öffnen → eröffnen

K6 Veränderungen – Verben aus Komparativen

Bilden Sie aus den Komparativformen der Adjektive Verben und ergänzen Sie das passende Verb in der richtigen Form.

breit • gut (2x) • ~~groß~~ • klein • lang • mild • schlecht (2x) • schmal • schön • viel

1. Um den Umsatz zu steigern, soll die Verkaufsfläche vergrößert werden.
2. Die Handelskette kann nur überleben, wenn das Filialnetz ______________ wird.
3. Die Auftragslage der Firma hat sich im dritten Jahresquartal deutlich ______________.
4. Hohe Betriebskosten und steuerliche Belastungen ______________ den Gewinn.
5. Die Angst vor Kündigungen hat das Betriebsklima erheblich ______________.
6. In bestimmten Fällen kann ein befristeter Arbeitsvertrag ______________ werden.
7. Das Image der Firma soll durch gezielte Werbemaßnahmen ______________ werden.
8. Aufregung und Stress können den Zustand des Patienten unnötig ______________.
9. Zeigt der Angeklagte Reue, dann kann der Richter die Strafe ______________.
10. Mit Graffitis sollen kreative junge Künstler das Stadtbild ______________.
11. Um dem gesteigerten Verkehrsaufkommen gerecht zu werden, wird die Autobahn auf vier Spuren ______________.
12. Falls sich die Schädlinge auf den Feldern weiter unkontrolliert ______________, besteht die Gefahr von Ernteausfällen.

Tipp

Aus einigen Komparativformen von Adjektiven und dem Präfix *ver-* können Verben gebildet werden. Manchmal ist kein Präfix nötig.
groß → *größer* → *vergrößern* (= größer machen)
mild → *milder* → *mildern* (= milder machen)
gut → *besser* → *sich bessern* (= besser werden)
gut → *besser* → *verbessern* (= besser machen)

K7 Zerstört! – Präfix *zer-*

Was passt nicht? Streichen Sie.

1. Der Stadtkern wurde im 2. Weltkrieg fast vollständig zerstört/~~zerbrochen~~.
2. Bei der Sprengung sind die Fensterscheiben zerborsten/zerfallen.
3. Die Landschaft ist in diesem Bereich stark zerschnitten/zersiedelt.
4. Sein Gesicht ist von Falten zerfurcht/zerlöchert.
5. Alle seine Träume sind mit einem Mal zerstreut/zerplatzt.
6. Seine Kleidung war alt und zerrissen/zertrennt.

Tipp

Das untrennbare Präfix *zer-* ist negativ konnotiert und hat vor allem die Bedeutung „kaputt". Die Partizipien von Verben mit *zer-* werden häufig wie Adjektive verwendet.
Die Stadt wurde im Krieg zerstört.
Die Hose ist zerrissen.
ein zerbeultes Auto, ein zerstreuter Professor (abstrakte Bedeutung)

K8 Vermischtes – Präfixe *ent-, miss-, ver- und zer-*

Bilden Sie möglichst viele Verben mit den Präfixen *ent-, miss- ver-* und *zer-*.

brauchen: missbrauchen, ______ ______

fallen: ______ ______ ______

geben: ______

handeln: ______ ______

lassen: ______ ______

nehmen: ______ ______

sagen: ______ ______

teilen: ______ ______

Ergänzen Sie das passende Verb von Seite 96 in der richtigen Form.

1. Gegen den Bürgermeister wurde der Vorwurf laut, sein Amt zu _missbrauchen_.
2. Der Auftrag für die Gebäudesanierung wird an eine Firma in der Region ________.
3. Damit der Bauernhof nicht ________, sind jährlich umfangreiche Reparaturarbeiten notwendig.
4. Nach dem Tod des Firmengründers ________ das Familienunternehmen.
5. Vielen Angestellten ________ das respektlose Verhalten des Chefs.
6. Täglich ________ fast 1000 Autos das Werk.
7. Neue moderne Autos ________ weniger Benzin als alte.
8. Zu dem Auffahrunfall kam es, weil die Bremsen des Autos ________ haben.
9. Der Nachbarschaftsstreit wird jetzt vor Gericht ________.
10. Die Polizei hat mehrere Zeugen ________.
11. Wegen guter Führung wurde sie vorzeitig aus dem Gefängnis ________.
12. Die Gefangenen wurden weder geschlagen noch ________.
13. Jugendliche Straftäter, die der Gewalt nicht ________, können nicht resozialisiert werden.
14. An die Opfer der Katastrophe wurden Lebensmittel und Kleidung ________.
15. Der Vortrag muss wegen Erkrankung des Referenten ________.
16. Die verfügbaren Prüfungstermine ________ Sie bitte unserer Internetseite.
17. Kartoffeln werden mit der Gabel ________.
18. Die Butter wird in der Pfanne ________.

K9 Wir nehmen teil. – Verbkomposita

Welche Nomen, Adjektive oder Adverbien können Teil des Verbs sein? Kreuzen Sie an und bilden Sie neue Verben. Eine Variante ist jeweils falsch.

nehmen:

- ⊗ Teil → *teilnehmen*
- ○ hoch → ____________
- ○ klein → ____________
- ○ vorweg → ____________
- ○ zurück → ____________

geben:

- ○ Preis → ____________
- ○ Ort → ____________
- ○ zufrieden → sich ____________
- ○ weg → ____________
- ○ zurück → ____________

haben:

- ○ Hand → ____________
- ○ Ohr → ____________
- ○ satt → ____________
- ○ wahr → ____________
- ○ voraus → ____________

legen:

- ○ fern → ____________
- ○ lahm → ____________
- ○ still → ____________
- ○ hinein → ____________
- ○ nieder → ____________

Ergänzen Sie das passende Verb von oben in der passenden Form. Von jedem Grundverb kommen zwei Komposita vor.

1. Das Kraftwerk soll *stillgelegt werden*.
2. Er ______ die vielen Geschäftsreisen ______.
3. Er will nicht ____________, dass sie ihn verlassen hat.
4. Das Ende des Films wird im Titel schon ____________.
5. Der Aufenthaltsort der jugendlichen Opfer wird nicht ____________.
6. Wegen einer Bombendrohung war der gesamte Flugverkehr ____________.
7. Die neue Regierung will alle Reformen wieder ____________.
8. Sie ______ sich mit nichts ____________.

K10 Die Welt steht kopf! – Verbkomposita mit Nomen oder Adjektiv

Was passt zusammen? Ergänzen Sie den fehlenden Verbteil.

eis- • fest- • ~~kopf-~~ • nahe- • not- • schluss- • voll- • zufrieden- • -gehen • -landen • -saugen • -schreiben • -sprechen • -stellen • -wandeln • -zahlen

1. *kopf*stehen
2. staub__________
3. ______laufen
4. heim__________
5. __________folgern
6. not__________
7. ______operieren
8. schlaf__________
9. schief__________
10. ______nehmen
11. frei__________
12. ______liegen
13. klar__________
14. ______enden
15. gut__________
16. __________stellen

K11 Annehmen oder ablehnen? – Präfixe in Gegensatzpaaren

Ergänzen Sie die passenden Präfixe und schreiben Sie die gegenteiligen Verben im Infinitiv.

1. Sein Diplom wurde in den USA leider nicht *an*erkannt. / Man hat ihm seinen Doktortitel wegen Täuschung *ab*erkannt. – *anerkennen* ↔ *aberkennen*
2. Der Misserfolg in der Prüfung hat sie dennoch nicht _____mutigt. / Meine Eltern haben mich _____mutigt, ein Auslandssemester einzulegen. – __________ ↔ __________
3. Man hat ihn an der Universität nicht _____genommen. Seine Bewerbung wurde _____gelehnt. – __________ ↔ __________
4. Man hat ihn zu einem Vortrag nach Berlin _____geladen, zwei Tage später aber wieder _____geladen. – __________ ↔ __________
5. Alle Mitarbeiter haben den Plänen ihres Vorgesetzten _____gestimmt. / Er _______spricht seinem Chef aus Prinzip. – __________ ↔ __________

6. Er ____folgt die Anweisungen so genau wie möglich. / Sie _________setzt sich allen betrieblichen Vorgaben. – ______________ ↔ sich ___________________

7. Sie hat unsere Ratschläge überhaupt nicht ____achtet. / Er _______achtet die Wünsche der anderen. – _______________ ↔ _________________

8. Diese Frage können wir guten Gewissens ____jahen. / Wir _____neinen jede Anwendung von Gewalt. – _____________ ↔ _______________

9. Überall in der Stadt wurden Plakate _____gehängt. Sie wurden erst nach Monaten wieder ____gehängt. – ________________ ↔ ______________

10. Das Gebäude war an der Frontseite komplett _____spiegelt. / Um Lichtreflexe zu vermeiden, empfiehlt man Brillengläser zu _____spiegeln. – __________________ ↔ __________________

11. Alle haben mir ____geraten, die Wohnung zu nehmen. / Man hat mir dringend davon ____geraten, mich noch weiter zu verschulden. – ____________ ↔ ____________

12. In strukturschwachen Regionen _____völkern sich die Städte und Dörfer. / Das ganze Jahr hindurch ____völkern Touristen die Innenstädte der Metropolen. – ________________ ↔ sich __________________

13. Da sich die Akkus von Handys schnell _____laden, müssen sie regelmäßig _____geladen werden. – ______________ ↔ sich _____________

14. Viele deutsche Autos werden in die USA ____portiert. / Die USA ____portieren deutsche Autos. – ____________________ ↔ __________________

K12 Politikverdrossenheit – Suffixe *-igen, -ieren, -isieren* und *-ifizieren*

Ersetzen Sie die kursiv gedruckten Ausdrücke durch passende Verben in der richtigen Form.

ankündigen • bestätigen • favorisieren • identifizieren • kandidieren • ~~mobilisieren~~ • modifizieren • motivieren • polarisieren • repräsentieren • signalisieren • vernachlässigen

1. Wie kann man mehr Wähler *zum Urnengang bewegen* / mobilisieren? Vor allem Erstwähler sollen *ermuntert* / ________ werden.
2. Junge Leute können sich immer weniger *in den Ansichten der Politiker wiedererkennen* / mit den Politikern ________ und fühlen sich daher schlecht *vertreten* / ________.
3. Er ist ein Politiker, *den man entweder liebt oder hasst* / der ________. Das *zeigt* / ________ sich bei jedem Auftritt in der Öffentlichkeit.
4. Der Parteivorstand hat *bekannt gegeben* / ________, einzelne Teile des Parteiprogramms zu *ändern* / ________.
5. Jüngere Menschen *bevorzugen* / ________ in der Regel jüngere Politikvertreter. Die Politiker, die *sich zur Wahl stellen* / ________, sind jedoch meist älteren Jahrgangs.
6. Wenn Jugendliche so politikverdrossen sind, wie in den Medien immer wieder *angedeutet* / ________ wird, liegt ein Grund darin, dass sie sich von den Politikern *zu wenig beachtet* / ________ fühlen.

Tipp

Die Suffixe *-ieren, -isieren* und *-ifizieren* sind fremde Suffixe. Sie kommen vor allem in Verbindung mit Fremdwörtern vor.
informieren, diskutieren, buchstabieren
organisieren, kritisieren
identifizieren, qualifizieren

K13 Erfolgsgeschichten – Wortfamilien *machen* und *tun*

Ergänzen Sie das passende Wortteil.

an- • aus- (2x) • dicht- • gleich- • haus- • ver- • weiter- • wett- • Zu- •
zusammen- • -bar • -kräftig • ~~-sächlich~~

Simon: Ich weiß (1) tat_sächlich_ nicht, was unseren Erfolg (2) ______macht. Der Großteil der Start-up-Unternehmen scheitert ja. Man muss zum richtigen Zeitpunkt die richtige Idee haben. Außerdem müssen sich die richtigen Leute (3) ________________tun. Dann ist fast alles (4) mach______.

Beate: Meine erste eigene Fotoausstellung war ein voller Erfolg. Sowohl Publikum als auch Presse waren von meinen ungewöhnlichen Reisefotografien (5) ____getan und haben mich motiviert (6) ___________zumachen. Der Erfolg hat alle Mühen (7) ________gemacht.

Leon: Ich lebe für mein Hotel. Ich habe es meinen Eltern (8) ___________getan und werde von ihnen (9) tat_____________ unterstützt. Der Lohn sind ausgebuchte Zimmer und zufriedene Gäste. Andernfalls könnte ich das Hotel (10) _________machen.

Kirsten: Mein (11) ________gemachter Apfelstrudel ist in meiner Konditorei der Renner! Meine Oma hat mir das Rezept (12) ______macht und ich verwende nur die besten (13) ____taten. Ich bin rund um die Uhr eingespannt, aber das macht mir nichts (14) ______.

L Wortbildung: Rund ums Nomen

L1 Alltagspsychologie – Suffixe *-heit, -keit* und *-igkeit*

Bilden Sie aus den kursiv gedruckten Adjektiven Nomen auf *-heit*, *-keit* oder *-igkeit* und ergänzen Sie.

1. Sprechen Sie bei Problemen in der Partnerschaft *offen* und *ehrlich* miteinander. Ihr Partner hat Offenheit und ______________ verdient.
2. Sie möchten ruhiger und *gelassen*er werden? Warum das so schwer fällt und wie Sie den richtigen Weg zu mehr Ruhe und ______________ finden, erfahren Sie hier.
3. Gehen Sie mit Ihrem Körper *achtsam* um! Wir zeigen Ihnen, mit welchen Konzentrationsübungen Sie ______________ trainieren können.
4. Sie ist nie *freundlich*, meist sogar *boshaft*. Erwidern Sie die ______________ ihrer Schwiegermutter mit ______________.
5. Sie sind *schüchtern* und leiden darunter? Wir helfen Ihnen, Ihre ______________ zu überwinden.
6. Sie fühlen sich *schlapp* und *antriebslos*? ______________ und ______________ kann mitunter auf eine körperliche oder psychische Erkrankung hinweisen.
7. *Gewissenhaft*e Personen sind gut organisiert und arbeiten sorgfältig. ______________ ist eine der wichtigsten Eigenschaften für beruflichen Erfolg.
8. Wie *belastbar* sind Sie? Testen Sie auf den folgenden Seiten Ihre ______________ in Alltag und Beruf.
9. Wer sich Ziele setzt und diese *beharrlich* verfolgt, wird Erfolg haben. ______________ ist ein wichtiger Erfolgsfaktor im Berufsleben.
10. Soll man sich im Beruf lieber etwas angeberisch oder doch besser *bescheiden* zeigen? Weder Angeberei noch falsche ______________ funktionieren im Job.

11. Sie sind *rastlos* und *ruhelos* und können nicht abschalten?

    Ihre ____________________ und ____________________ kann eine Flucht vor Problemen sein, denen Sie sich stellen sollten.

12. Immer *gereizt* und *unausgeglichen*? Die Hauptursache für ständige ____________________ und ____________________ ist Stress.

13. Sie erwarten, dass Ihre Partnerin *warmherzig* und *einfühlsam* ist? Dann zeigen auch Sie ____________________ und ____________________.

14. Wann kann ich *gewiss* sein, dass seine Gefühle für mich *aufrichtig* und *echt* sind?

    ____________________ über die ____________________ und ____________________ von Gefühlen erlangen Sie mit einem einfachen Test, den Sie unter folgendem Link finden.

15. Wie erkenne ich, ob er *ernsthaft* Interesse an mir hat? Die

    ____________________ seiner Bemühungen können Sie an verschiedenen Verhaltensweisen festmachen.

16. *Leicht* und *mühelos* durchs Leben? 10 Tipps, wie Sie zu mehr

    ____________________ und ____________________ im Alltag gelangen.

Tipp

Alle Nomen mit den Suffixen *-heit, -keit, -igkeit* sind Femininum. Sie sind in der Regel von Adjektiven abgeleitet, die Eigenschaften ausdrücken.
Einsilbige Adjektive, Adjektive auf *-en(rn)* und Partizipien verbinden sich mit *-heit:*
wahr → *Wahrheit, zufrieden* → *Zufriedenheit, betroffen* → *Betroffenheit*
Aber: *leicht* → *Leichtigkeit*
Adjektive auf *-ig, -lich, -sam* und *-bar* verbinden sich mit *-keit:*
fähig → *Fähigkeit, ehrlich* → *Ehrlichkeit, aufmerksam* → *Aufmerksamkeit,*
machbar → *Machbarkeit*
Adjektive auf *-haft* oder *-los* verbinden sich mit *-igkeit:*
lebhaft → *Lebhaftigkeit, sprachlos* → *Sprachlosigkeit*

L2 Gute Nachbarschaft – Suffixe *-schaft* und *-tum*

Ergänzen Sie in a–o das passende Suffix *-schaft* oder *-tum* und ordnen Sie die Nomen a–e, f–j und k–o chronologisch 1–5, 6–10 und 11–15 zu.

1. die gute	a) Nachbar*schaft*
2. das aufstrebende	b) Arbeiter_____
3. die Interessenvertretung der	c) Kund_____
4. die Berufung zum	d) Bürger_____
5. die vermögende	e) Priester_____

6. die protestierende	f) Juden_____
7. der Übertritt zum	g) Studenten_____
8. die langjährige	h) Helden_____
9. das abendländische	i) Herrscher_____
10. das ruhmreiche	j) Mitglied_____

11. die Anklage wegen	k) Spekulanten_____
12. das mittelständische	l) Winzergenossen_____
13. die Weine der	m) Wähler_____
14. die Mobilisierung der	n) Unternehmer_____
15. das unproduktive	o) Mittäter_____

1	2	3	4	5
a				

6	7	8	9	10

11	12	13	14	15

Tipp

Einige Nomen mit dem Suffix *-schaft* oder *-tum* sind von Personenbezeichnungen abgeleitet. Nomen auf *-schaft* sind Femininum, Nomen auf *-tum* Neutrum.
In ihrer Bedeutung beziehen sie sich auf eine Gruppe von Personen oder auf Eigenschaften dieser Gruppe.

der Nachbar → *die Nachbarschaft* (= alle Nachbarn)
der Christ → *das Christentum* (= die christliche Religion)
der Bürger → *die Bürgerschaft* (einer konkreten Stadt oder Gemeinde)
das Bürgertum (abstrakt als gesellschaftliche Schicht)

L3 Erkenntnisse – Suffixe *-e, -er, -ung*

Bilden Sie aus jedem Verb zwei Nomen mit den Suffixen *-e, -er, -ung*.

beraten:	*der Berater,*	sprechen:	______
	die Beratung		______
pflegen:	______	lesen:	______
	______		______
spenden:	______	rechnen:	______
	______		______

**Ergänzen Sie das passende Nomen von oben in der richtigen Form.
Pro Verb ein Nomen.**

1. Der Eintritt ist frei! Um eine *Spende* wird gebeten.
2. Die Leistung moderner ______ steigt stetig.
3. Bibliotheken sind Kulturträger und veranstalten auch Ausstellungen und ______.
4. Verbraucherzentralen bieten Information und ______ zu allen Themen des Verbraucherschutzes.
5. Der Wunsch vieler Patienten ist die häusliche Versorgung und ______.
6. Die Wege zum Beruf des professionellen ______ sind vielfältig und von hohem Konkurrenzdruck geprägt.

Tipp

Von Verben abgeleitete Nomen auf *-e* oder *-ung* sind Femininum, auf *-er* Maskulinum.
Bei starken Verben kann sich der Vokal des Verbstamms ändern.
suchen → die Suche, untersuchen → die Untersuchung
fahren → der Fahrer, singen → der Sänger
Nomen auf *-e* können auch von Adjektiven abgeleitet sein:
stark → die Stärke

L4 Multimillionärin – Fremde Suffixe bei Personen

Ergänzen Sie die richtige Personen- oder Berufsbezeichnung auf *-ent/ant*, *-(at)or*, *-eur*, *-ist* oder *-är* in der richtigen Form.

1. SIE besitzt viele Millionen: *Multimillionärin*
2. ER kommentiert Fußballspiele: ____________________
3. SIE kontrollieren Fahrkarten: ____________________
4. SIE illustriert Kinderbücher: ____________________
5. ER spekuliert an der Börse: ____________________
6. SIE liefern Getränke: ____________________
7. SIE berichtet aus dem Ausland: ____________________
8. ER hat sich auf Software spezialisiert: ____________________
9. ER besitzt den Großteil einer Aktiengesellschaft: ____________________
10. ER ist der Chef der Klinik: ____________________
11. SIE organisiert die Ausstellung: ____________________
12. SIE produzieren Baumwolle: ____________________
13. SIE dekoriert Schaufenster: ____________________
14. ER komponiert Filmmusik: ____________________
15. SIE sind Beauftragte der Gewerkschaft: ____________________
16. ER schreibt Drehbücher: ____________________
17. SIE haben ein Hochschulstudium absolviert: ____________________
18. SIE machen mit dem Rucksack Urlaub: ____________________

L5 Kunst und mehr – Suffixe *-at, -ik, -(iz)ität* und *-(it)ion*

Ersetzen Sie die kursiv gedruckten Ausdrücke durch passende Nomen in der richtigen Form.

Antiquität • Authentizität • Exponat • Komposition • Plastik • Rarität • Reproduktion • Skulptur • Technik • ~~Unikat~~

1. In vielen Kunstmuseen findet man kostbare *Einzelstücke* / Unikate und manch andere *Besonderheiten* / ________.
2. Die Glyptothek in München beherbergt zahlreiche *Werke der Bildhauerei* / ________ und ________ aus der griechischen und römischen Antike.
3. Das wohl berühmteste *Ausstellungsstück* / ________ im Archäologiemuseum Bozen ist der Ötzi, eine über 5000 Jahre alte Gletschermumie.
4. Wolfgang Beltracchi überzeugte durch eine herausragende *Malweise* / ________ und die gelungene *Gestaltung* / ________ seiner Fälschungen.
5. Es gibt viele Möglichkeiten zur Bestimmung der *Echtheit* / ________ alter Gemälde oder anderer *altertümlicher Kunstgegenstände* / ________.
6. Kunstverlage bieten hochwertige *Vervielfältigungen* / ________ klassischer Kunstwerke.

Tipp

Die Suffixe *-at, -ik, -(iz)ität* und *-(at/it)ion* sind fremde Suffixe und kommen nur in Verbindung mit Fremdwörtern vor. Nomen auf *-ik, -(iz)ität* und *-(at/it)ion* sind Femininum.
hektisch → die Hektik, aktiv → die Aktivität, elektrisch → die Elektrizität
produzieren → die Produktion, informieren → die Information,
definieren → die Definition
Nomen auf *-at* sind Neutrum oder Maskulinum:
resultieren → das Resultat, Diplom → der Diplomat

L6 Kreativität – Suffixe *-at, -ik, -(iz)ität* und *-(at)ion*

Bilden Sie aus den Verben und Adjektiven 1–15 Nomen auf *-at, -ik, -(iz)ität* oder *-(at)ion* und ordnen Sie die Nomen den Synonymen a–o zu.

1. kreativ: die Kreativität
2. zertifizieren: ____________
3. qualifizieren: ____________
4. solidarisch: ____________
5. elastisch: ____________
6. infizieren: ____________
7. referieren: ____________
8. symbolisch: ____________
9. originell: ____________
10. expandieren: ____________
11. lyrisch: ____________
12. human: ____________
13. inserieren: ____________
14. problematisch: ____________
15. kooperieren: ____________

a) die Verbundenheit
b) die Ansteckung
c) die Menschlichkeit
d) die sinnbildliche Bedeutung
e) die Einmaligkeit
f) die Erfindungsgabe
g) die Dehnbarkeit
h) die Befähigung
i) die Zusammenarbeit
j) die Dichtkunst
k) die Bescheinigung
l) die Anzeige
m) die Schwierigkeit
n) die Ausbreitung
o) der Vortrag

1	2	3	4	5	6	7	8	9	10	11	12	13	14	15
f														

L7 Dummes Gerede! – Präfix *ge-*

Ersetzen Sie die kursiv gedruckten Nomen durch passende ähnliche Nomen.

Gebrüll • Geheule • ~~Geschwätz~~ • Gespür • Getue • Gewühl

1. Das ist doch alles dummes *Gerede* / Geschwätz!
2. Das *Geschrei* / ____________ der Kinder war unerträglich.
3. Hör endlich mit dem ewigen *Gejammer* / ____________ auf!
4. Sie hat ein gutes *Gefühl* / ____________ für Literatur und Kunst.
5. Wir hatten uns im *Gedränge* / ____________ der Menschenmenge verloren.
6. Sein vornehmes *Gehabe* / ____________ ist lächerlich.

L8 Rund um die EU – Präfixe *außen-, binnen-, fehl-, gegen-* usw.

Ergänzen Sie das passende Präfix.

Außen- • ~~Binnen-~~ • Fehl- • Gegen- • Grund- • Haupt- • Innen- • Rück- • Sonder- • Wider-

1. Der europäische *Binnen*markt existiert offiziell seit dem 1. Januar 1993.
2. Er beruht auf dem _________prinzip des freien Handels.
3. Eine der _________aufgaben der EU besteht darin, für eine ausgewogene wirtschaftliche Entwicklung innerhalb der Mitgliedsstaaten zu sorgen.
4. Innerhalb der EU gibt es bestimmte Gebiete, die nicht zur Zollunion gehören und für die _________regelungen gelten.
5. Das EU-Patentgericht soll in Paris angesiedelt werden. München bekommt eine _________stelle.
6. Manche halten den Brexit für eine _______entscheidung der Briten.
7. Die meisten Beschlüsse im EU-Parlament werden mit nur wenigen _________stimmen oder Enthaltungen erlassen.
8. Die EU-_________minister beraten über Flüchtlingspolitik.
9. Eine EU-Richtlinie regelt die _______führung illegaler Einwanderer.
10. Die Flüchtlingspolitik stößt bei verschiedenen Ländern der EU auf _________stand.

L9 Nichtraucher – Negationspräfixe

Ergänzen Sie das passende Negationspräfix und den Artikel. Zweimal gibt es zwei Möglichkeiten.

Anti- (2x) • Im- • In- • Miss- (3x) • ~~Nicht-~~ • Nicht- • Un- (5x)

1. *der* *Nicht*raucher
2. ______ ____________alkoholiker
3. ______ ____________wirtschaft
4. ______ ____________kompetenz
5. ______ ____________kraut
6. ______ ____________these
7. ______ ____________vermögen
8. ______ ____________gunst
9. ______ ____________mobilität
10. ______ ____________ding
11. ______ ____________erscheinen
12. ______ ____________behagen

Tipp

Manche Negationspräfixe von Nomen kommen auch bei Verben oder Adjektiven vor:
wider- → der Widerstand, widerlegen, widerwillig
miss- → das Missgeschick, missglücken, missverständlich

L10 Auf ein Neues! – Nominalisierte Adjektive

Ergänzen Sie das passende Adjektiv als Nomen. Achten Sie auf die richtige Endung.

blind • böse • erster- • fleißig • ganz • gut • gut (Superlativ) • halb • letzt- • ~~neu~~

1. Auf ein *Neues*!
2. Das ________ ist gerade gut genug.
3. Das ist nichts __________ und nichts __________.
4. Die __________ werden die __________ sein.
5. Das sieht doch ein __________ mit dem Krückstock!
6. Es gibt nichts ________, außer man tut es.
7. Dem ______________ gehört die Welt.
8. Ein Schelm, wer ________ dabei denkt!

Tipp

Grundsätzlich können aus jedem Adjektiv Nomen für Sachen und Personen gebildet werden. Nominalisierte Adjektive werden wie Adjektive dekliniert.
neu → das Neue (Sache)*: Es gibt nichts Neues.*
gut → der/die Gute (Person)*: Die Guten gewinnen.*

L11 Falschparken – Nominalisierte Infinitive

Ersetzen Sie die kursiv gedruckten Satzteile durch nominalisierte Infinitive. Achten Sie auf die passende Präposition.

1. *Als sie das Zimmer aufräumte,* / Beim Aufräumen des Zimmers fand sie alte Postkarten.
2. *Wenn er sein Auto waschen will,* / ______________________ fährt er in die Waschanlage.
3. *Indem sie täglich schwimmt,* / ______________________ hält sie sich fit.
4. *Während sie Kaffee tranken,* / ______________________ vergaßen sie die Zeit.
5. *Bevor man schlafen geht,* / ______________________ sollte man die Zähne putzen.
6. *Nachdem man die Zähne geputzt hat,* / ______________________ sollte man nichts mehr essen.
7. *Weil sie falsch geparkt hat,*/ ______________________ hat sie einen Strafzettel bekommen.
8. Wir haben *so gelacht, dass wir* / ______________________ Tränen geweint *haben.*

Tipp

Grundsätzlich kann aus jedem Infinitiv eines Verbs ein Nomen gebildet werden, das dem Handlungsaspekt des Verbs entspricht. Dieses Nomen ist immer Neutrum und kann nicht in den Plural gesetzt werden.
lesen → das Lesen, täglich lesen → das tägliche Lesen
die Zeitung lesen → das Lesen der Zeitung → das Zeitunglesen

L12 Schlagzeilen – Nominalisierte Verben, Adjektive und Partizipien

Ergänzen Sie den passenden Infinitiv oder das passende Adjektiv/Partizip als Nomen. Achten Sie auf die richtige Form.

angeklagt • allein sein • älter werden • Auto knacken • betroffen • ~~betrunken~~ • deutsch • erfrieren • freiwillig • obdachlos • schlimm (Superlativ) • schweigen • sterbend • unbewaffnet • unschuldig • verdächtig • vermisst • wiedersehen

1. Drei *Betrunkene* beim ________ ertappt
2. ________ bricht endlich sein ________ und will aussagen
3. Polizei-Skandal: Todesschüsse auf ________
4. Nach Flugzeugabsturz: ________ müssen auf das ________ gefasst sein
5. ________ vor dem ________ gerettet
6. ________: ________ lebte jahrelang im Wald
7. ________ erfüllen die letzten Wünsche von ________
8. ________ haben Angst vor dem ________ und ________
9. Nach Brandanschlag: ________ wieder auf freiem Fuß
10. Fataler Justizirrtum: ________ saß 20 Jahre im Gefängnis

Tipp

Nominalisierte Infinitive, Adjektive oder Partizipien sind manchmal lexikalisiert und dann im Wörterbuch aufgeführt:
leben → *das Leben* (= die Existenz), *zwei Leben* (pluralfähig)
schuldig → *der/die Schuldige*
verletzt → *der/die Verletzte*, *anwesend* → *der/die Anwesende*

L

L13 Sportwagen – Nomenkomposita

Bilden Sie mit folgenden Nomen, Verben und Adjektiven Komposita zu *Wagen*. Bei manchen Nomen und Verben sind Fugenelemente notwendig. Ordnen Sie die Komposita in die Tabelle ein.

~~abschleppen~~ • Buch • Dienst • Einkauf • gebraucht • Getränk • Jahr • Kind • klein • liefern • liegen • Mannschaft • mieten • neu • Person • Pferd • privat • Puppe • Rettung • speisen • Sport • Unfall • vorführen • wohnen

der	*+ wagen*
Nomen	______ ______ ______
Nomen + *s/es*	______ ______ ______ ______
Nomen + *e/en/er*	______ ______ ______ ______ ______ ______
Verb(stamm)	Abschlepp-, ______ ______ ______ ______
Verb(stamm) +*e*	______ ______
Adjektiv/Partizip	______ ______ ______ ______

Tipp

Nomen können mit anderen Nomen, Verben oder Adjektiven/Partizipien zusammengesetzt werden, die die Bedeutung des Grundwortes spezifizieren. Bei Verben fällt die Infinitivendung weg. Manchmal sind Fugenelemente notwendig. Der Artikel richtet sich nach dem Grundwort.

Nomen + Nomen: *das Autohaus, Baumhaus*
Nomen + *s* (z. B. nach *-ung*) + Nomen: *das Einrichtungshaus*
Nomen + *es* (Genitivform) + Nomen: *das Gotteshaus*
Nomen + *e/n/er* (Pluralformen) + Nomen: *das Gästehaus, Taubenhaus, Kinderhaus*
Verb(stamm) + Nomen: *das Kaufhaus, Wohnhaus*
Verb(stamm) + *e* (oft nach *d/g/b/t/s*) + Nomen: *das Badehaus, Sendehaus*
Adjektiv + Nomen: *das Fertighaus, Hochhaus*

Welches Kompositum aus der Tabelle ist gemeint? Ergänzen Sie.

1. Der Wagen wird von diesen Tieren gezogen: Pferdewagen
2. Der Wagen steht für berufliche Fahrten zur Verfügung: ____________________
3. Mit diesem Wagen kann man vor dem Kauf Probefahrten machen: ____________________
4. Der Wagen ist windschnittig und hat einen starken Motor: ____________________
5. Der Teil in Zügen, wo man essen kann: ____________________
6. Der Wagen ist ein Spielzeug für Kinder: ____________________
7. Diesen Wagen findet man in Supermärkten: ____________________
8. Ein Kleinlaster für den Transport von Waren und Gütern: ____________________
9. Dieser Wagen ist beim Kauf nicht mehr neu: ____________________
10. Der Wagen hat eine Sirene und wird zum Beispiel zum Bergen von Unfallopfern eingesetzt: ____________________
11. Mit diesem Wagen fahren viele Leute in Urlaub: ____________________
12. Der Wagen ist für den Transport von Babys gedacht: ____________________

M Wortbildung: Rund ums Adjektiv

M1 Ärztliches – Suffixe *-ig* und *-lich*

Ersetzen Sie die kursiv gedruckten Ausdrücke durch passende Adjektive auf *-ig* oder *-lich* in der richtigen Form.

1. Bei vielen chronischen Krankheiten sind *einmal im Jahr* / jährliche Kontrolluntersuchungen erforderlich.
2. Die *heute verwendeten* / ______________ Operationsmethoden sind schonender als früher.
3. Eine *mehrere Stunden dauernde* / ______________ Operation ist nur unter Vollnarkose durchführbar.
4. Die Assistenzärzte begleiten den Chefarzt bei der *jeden Morgen stattfindenden* / ______________ Visite.
5. Der Patient hat *aus Versehen* / ______________ die falschen Tabletten geschluckt.
6. Das eigenständige Absetzen von Medikamenten kann ohne *vorher erfolgte* / ______________ Absprache mit dem Arzt schwerwiegende Folgen haben.
7. Der Arm des Patienten war nach dem Sturz geschwollen und *voller Blut* / ______________.
8. Ambulante Pflegedienste sind eine wichtige Unterstützung in der *zu Hause stattfindenden* / ______________ Pflege kranker Angehöriger.

Tipp

Adjektive mit den Suffixen *-ig* und *-lich* sind oft Ableitungen von Nomen.
Dabei kann der Stammvokal umgelautet werden.
Mut → *mutig*, *Not* → *nötig*, *Monat*→ *monatlich*, *Tag* → *täglich*
Nach unbetontem *-en* wird ein *-t-* eingefügt:
Wille → *willentlich*, *Woche* → *wöchentlich*, aber: *Morgen* → *morgendlich*
Manchmal sind zwei Ableitungen möglich:
Tag → *täglich* (= jeden Tag), *dreitägig* (= drei Tage lang)
Alle von Adverbien abgeleiteten Adjektive erhalten das Suffix *-ig*:
bald → *baldig*, *morgen* → *morgig*, *auswärts* → *auswärtig*

M2 Besserwisserisch – Suffixe *-lich*, *-isch* und *-haft*

Bilden Sie aus den Personenbezeichnungen 1–15 Adjektive auf *-lich*, *-isch* oder *-haft*. Ordnen Sie die passenden Adjektive 1–5, 6–10 und 11–15 den Nomen a–e, f–j und k–o zu. Ergänzen Sie die Adjektive mit der richtigen Endung.

1. der Besserwisser	a) ______ Verhältnis
2. der Bürger	b) ______ Ton
3. der Kumpel	c) ______ Moralvorstellungen
4. der Lehrer	d) ______ Mode
5. die Dame	e) *besserwisserische* Art
6. die Polizei	f) ______ Gutachten
7. der Richter	g) ______ Ermittlungen
8. der Arzt	h) ______ Vorgehensweise
9. der Mensch	i) ______ Beschluss
10. der Laie	j) ______ Versagen
11. der Zeitgenosse	k) ______ Können
12. der Meister	l) ______ Begabung
13. der Fußballer	m) ______ Ader
14. der Künstler	n) ______ Sprachbeherrschung
15. der Dichter	o) ______ Kunst

1	2	3	4	5
e				

6	7	8	9	10

11	12	13	14	15

Tipp

Einige Adjektive mit dem Suffix *-lich*, *-isch* oder *-haft* sind von Personenbezeichnungen abgeleitet. Der Stammvokal kann umgelautet werden.

der Vater → *väterlich* (= vom Vater, wie ein Vater)
der Spieler → *spielerisch* (= wie im Spiel)
der Held → *heldenhaft* (= besonders mutig, wie ein Held)

M3 Heimlich oder heimisch? – Suffixe *-lich* und *-isch*

Bilden Sie mit den Nomen aus dem Kasten jeweils ein Adjektiv auf *-lich* und *-isch* und ergänzen Sie diese in der richtigen Form. Ordnen Sie die Adjektive mit der passenden Bedeutung a–j in die Tabelle ein.

Hand • ~~Heim~~ • Herr • Kind • Weib

1. Er ist *heimlich* von zu Hause ausgezogen.
2. Der Sonnenschirm ist platzsparend und __________ – ideal für den Balkon!
3. Er spricht in einem sehr __________ Ton, der keine Widerrede duldet.
4. Die __________ Entwicklung verläuft in Etappen.
5. Die Jalousien lassen sich sowohl elektrisch als auch __________ bedienen.
6. Er hat für einen Mann ein ziemlich __________ Benehmen.
7. Ihr __________ Getue ist unangebracht.
8. In der neuen Wohnung habe ich mich sofort __________ gefühlt.
9. Sie hat eine sehr attraktive __________ Figur.
10. Wir haben ein __________ Leben ohne Sorgen.

a) mit der Hand, manuell
b) unmännlich
c) gut mit der Hand zu benutzen
d) autoritär, dominant
e) dem Kind entsprechend
f) fantastisch, wunderbar
g) wie zu Hause
h) typisch für eine Frau
i) albern, unreif
j) unbemerkt

Ableitung von	*Hand*	*Heim*	*Herr*	*Kind*	*Weib*
+ *-lich*	______ ______	*1j: heimlich*	______ ______	______ ______	______ ______
+ *-isch*	______ ______	______ ______	______ ______	______ ______	______ ______

M4 Ideal oder ideell? – Suffixe *-al* und *-ell*

Ergänzen Sie das passende Suffix *-al* oder *-ell* mit der richtigen Endung. Welches Adjektiv hat jeweils welche Bedeutung? Ordnen Sie zu.

1. Das elterliche Haus befand sich in ide*aler* Lage unweit vom See. / Das Haus der Eltern war alt und besaß für die Kinder vor allem einen ide*ellen* Wert.
   ideal (= perfekt) ↔ *ideell* (= immateriell, geistig)
2. Im Nachlass waren origin_____ Stühle aus dem 17. Jahrhundert. / Die meisten Möbel waren weder wertvoll noch origin_____.
   ______________ (= echt) ↔ ______________ (= neuartig, besonders)
3. Die Wohnung war äußerst sparsam und funktion_____ eingerichtet. / Bei der Stadtentwicklung unterscheidet man zwischen sozialer und funktion_____ Gliederung einer Stadt.
   ________________ (auf die Funktion bezogen) ↔ __________________ (= die Funktion erfüllend, praktisch)
4. Nicht mehr zeitgemäße und unration______ Fertigungsmethoden führten zum Niedergang. / Der Verkauf der Firma war ausschließlich ration___ bestimmt.
   _____________ (= Vernunft gelenkt) ↔ ______________ (= effektiv, wirkungsvoll)
5. Der Verkauf wurde form_____ abgewickelt. / Der Kaufvertrag war form__ in Ordnung.
   __________ (= auf die äußere Form bezogen) ↔ ____________ (= nach den Regeln)

Tipp

Die Adjektivsuffixe *-al* und *-ell* sind fremde Suffixe und kommen nur bei Fremdwörtern vor: *banal, aktuell*
Oft leiten sich die Adjektive von Nomen ab:
Region → regional, Sensation → sensationell
Manchmal gibt es bei einem Adjektiv beide Suffixe, wobei die Bedeutung ähnlich oder unterschiedlich sein kann:
real/reell (= wirklich), *universal/universell* (= allgemein, vielseitig)
formal (= auf die Form bezogen) ↔ *formell* (= nach den Regeln)

M5 Autofreier Sonntag – Suffixe *-los* und *-frei*

Ergänzen Sie das passende Adjektiv auf *-los* oder *-frei* in der richtigen Form. Verwenden Sie dabei die Nomen aus dem Kasten.

~~Auto~~ • Emission • Ende • Ersatz • Fahrer • Kosten • Reibung • Schwindel • Störung • Unfall

1. Am *autofreien* Sonntag dürfen in den Innenstädten keine Autos fahren.
2. In Nürnberg gibt es ________________ U-Bahnen, die vollautomatisiert funktionieren.
3. Die ausgefallenen Nahverkehrszüge wurden ______________ gestrichen.
4. Die ________________ Fahrplan-App informiert Sie sofort über jede Änderung.
5. Für einen Rundflug mit dem Hubschrauber ist es gut, ______________ zu sein.
6. ________________ Fahren wird von der Versicherung belohnt.
7. Elektrobusse sind umweltfreundlich und halten die Innenstädte ______________.
8. Der reguläre und ________________ Flugbetrieb ist stark vom Wetter abhängig.
9. Mit Ferienbeginn rollt der Verkehr auf den Straßen nicht mehr ______________.
10. An den Grenzen bilden sich ____________ Warteschlangen.

Tipp

Die Suffixe *-los* und *-frei* haben beide die Bedeutung „ohne". Während *-los* eher negativ, ist *-frei* eher positiv konnotiert.

Nomen + *(er/n/s)* + *-los-* → *wertlos, kinderlos, folgenlos, hoffnungslos*

Nomen + *(er/n/s)* + *-frei-* → *alkoholfrei, sorgenfrei, störungsfrei*

Manchmal gibt es beide Varianten, wobei die Bedeutung ähnlich oder unterschiedlich sein kann:

fehlerfrei/fehlerlos

arbeitslos (= ohne berufliche Arbeit) ↔

arbeitsfrei (= Zeit, in der man nicht wie üblich arbeiten muss)

M6 Unbedingt! – Negationspräfixe

Ergänzen Sie das passende Negationspräfix. Manchmal gibt es zwei Möglichkeiten.

a- • anti- • des- • il- • in- • ir- • miss- (2x) • non- • ~~un-~~ • un- (5x) • wider-

1. *un*interessant	7. ____________verbal
2. ____________autoritär	8. ____________normal
3. ____________günstig	9. ____________trauisch
4. ____________legal	10. ____________nütz
5. ____________rechtlich	11. ____________diskutabel
6. ____________interessiert	12. ____________real

Tipp

Die Negationspräfixe bei Adjektiven und Partizipien kommen auch bei Nomen vor, manche auch bei Verben. Einheimische Präfixe sind *un-*, *miss-* und *wider-*:

un- → *unbequem, ungeeignet, das Unglück*

miss- → *missbräuchlich, der Missbrauch, missbrauchen*

wider- → *widerwillig, der Widerwille*

Fremde Präfixe werden meist mit Fremdwörtern kombiniert:

in- (il+l, im+b/m/p, ir+r) → *indiskret, impertinent, irrelevant, die Intoleranz*

de- (des+Vokal) → *dezentral, demotiviert, das Desinteresse, demotivieren*

M7 Haustiere – Präfix *-un* und Suffixe *-bar, -ig, -lich* und *-sam*

Bilden Sie aus den Verben Adjektive mit dem Präfix *un-* und den Suffixen *-bar, -ig, -lich* und *-sam*.

auffallen: *unauffällig*	raten: ____________
ausweichen: ____________	schätzen: ____________
bedenken: ____________	streiten: ____________
begreifen: ____________	vergessen: ____________
berechnen: ____________	verzichten: ____________
folgen: ____________	zumuten: ____________
lieben: ____________	zulassen: ____________

Ergänzen Sie das passende Adjektiv von Seite 121 in der richtigen Form.

1. Mit den eigenen Haustieren kann man *unvergessliche* Momente erleben.
2. Vor allem für ältere Menschen kann die Gesellschaft eines Haustieres von ________________ Wert sein.
3. Im Gegensatz zu Hunden gelten Katzen als ________________.
4. Es ist mir ________________, wie man sich Giftschlangen als Haustiere halten kann.
5. Für Menschen mit Sehbehinderung sind Blindenhunde als alltägliche Begleiter ________________.
6. Ein generelles Verbot von Haustieren in der Wohnung ist in Mietverträgen ________________.
7. Um keine ________________ Überraschung zu erleben, sollten vor dem Kauf eines Haustieres die Vertragsmodalitäten mit dem Vermieter geklärt werden.
8. Es ist ________________, dass von Kleintieren kaum Störungen oder Belästigungen für die Nachbarschaft ausgehen.
9. Zierfische, Kanarienvögel, Schildkröten, Hamster oder Meerschweinchen sind ________________ Kleintiere, die auch in einer Stadtwohnung gehalten werden können.
10. Einzelhaltung grenzt bei Kaninchen an Tierquälerei und ist daher ________________.
11. Besteht in der Familie keine Neigung zu Allergien, ist die Haltung eines Haustieres im Allgemeinen gesundheitlich ________________.
12. Ob ein Hund ________________ ist oder nicht, liegt oft auch am Verhalten des Tierhalters.
13. Wenn ein Tier nicht mehr frisst oder trinkt, ist ein Besuch beim Tierarzt ________________.
14. Das Einschläfern eines kranken oder verletzten Tieres kann dem Tier unnötiges oder ________________ Leiden ersparen.

M8 Werbewirksam – Adjektivkomposita

Ordnen Sie zu und ergänzen Sie das fehlende Adjektiv-/Partizipteil. Achten Sie bei den Adjektivkomposita auf die Endungen.

aktiv • arm • beständig • fähig • ~~fest~~ • freundlich • frisch • geeignet • gewandt • günstig • hemmend • intensiv • lindernd • neutral • reich • schön • sicher • stark • undurchlässig • voll

1. Die Schüssel ist aus
2. Bei kleinen Verletzungen ist Arnika
3. Damit Ihre Füße weder schwitzen noch nass werden, sind
4. Gartenmöbel aus Polyrattan sind
5. Die Espressomaschine überzeugt durch
6. Dieses Deo ist besonders
7. Regionales Obst und Gemüse kommt
8. Erdbeeren schmecken nicht nur gut,
9. Das Skigebiet ist
10. Die Autorin des Buches weiß

a) haut__________ und geruchs__________.

b) widerstands__________ und witterungs__________.

c) form__________ Design und ist außerdem preis__________.

d) schmerz__________ und entzündungs__________.

e) ernte__________ von den Feldern und ist geschmacks__________.

f) schnee__________, die Pisten reichen von leicht bis anspruchs__________.

g) feuer*festem* Glas und spülmaschinen __________.

h) ausdrucks__________ und wort__________ zu erzählen.

i) sie sind auch vitamin__________ und kalorien__________.

j) atmungs__________ und wasser__________ Schuhe ratsam.

1	2	3	4	5	6	7	8	9	10
g									

Tipp

Adjektive oder Partizipien können mit Nomen, anderen Adjektiven oder Verben zusammengesetzt werden. Manchmal sind Fugenelemente nötig.
Nomen (+ *e/n/en/ens/er/s/es*) + Adjektiv/Partizip: *bürgernah, nächtelang, rabenschwarz, nervenstark, herzensgut, kinderreich, altersschwach, siegessicher, zeitraubend, schneebedeckt*
Adjektiv + Adjektiv/Partizip: *hellblau, alleinerziehend, schwerbehindert*
Bei Verben fällt die Infinitivendung weg:
Verbstamm (+ *e*) + Adjektiv/Partizip: *fahrtüchtig, pflegeleicht, redegewandt*

M9 Ähnlich oder nicht? – Adjektivnegation

Welches Adjektiv/Partizip passt nicht? Streichen Sie.

1. uninteressant – belanglos – irrelevant – ~~indifferent~~ – nichtssagend
2. rücksichtslos – ungewiss – unbarmherzig – inhuman – bedenkenlos
3. unruhig – unbesorgt – unbekümmert – sorglos – unbeschwert
4. missgelaunt – missmutig – unleidlich – unausgelastet – lustlos
5. ungefährlich – harmlos – unbedenklich – unheilvoll – gefahrlos
6. ineffektiv – irreversibel – unwirksam – wirkungslos – nutzlos

Ersetzen Sie die kursiv gedruckten Ausdrücke durch das jeweilige Adjektiv/Partizip von oben, das nicht passt. Achten Sie auf die korrekte Form.

1. *Gleichgültige* / Indifferente Eltern verletzten ihre Elternpflicht.
2. Der Heilungsprozess nach einem Burnout ist langwierig und es ist *nicht klar* / ______________, ob die volle Leistungsfähigkeit wieder erreicht wird.
3. *Ruhelose* / ______________ Babys haben manchmal nur Hunger oder Langeweile.
4. Kliniken mit teurer Medizintechnik sind oft nicht rentabel, wenn ihre Kapazitäten *nicht voll genutzt* / ______________ sind.
5. Immer mehr Kinder sind übergewichtig und diese *verhängnisvolle* / ______________ Entwicklung nimmt weiter zu.
6. Lärm kann das Gehör nachhaltig und *unheilbar* / ______________ schädigen.

M10 Superspannend! – Elative

Verstärken Sie die Adjektive mit dem bestpassenden Element.

bettel- • bitter- • blitz- • blut- • brand- • eis- • feder- • gerten- • grotten- • grund- • hauch- • haus- • haut- • hoch- • hunde- • kern- • knall- • meter- • mutterseelen- • nagel- • pott- • quick- • spiegel- • stock- • ~~super-~~ • tod- • top- • tropf- • ur-

1. Diese Übung ist _super_ spannend!
2. Meine Urgroßeltern waren ______ jung und ______ arm, als sie geheiratet haben.
3. Sie haben in einem ______ alten Haus mit ______ hässlichen Möbeln gewohnt.
4. Das Baby ist ______ lebendig und ______ gesund.
5. Die Kleine war fünf Stunden lang ______ allein zu Hause.
6. Als Teenager hat sie sich ihre Haare ______ rot gefärbt.
7. Ihr Kleid sitzt ______ eng und betont ihre ______ schlanke Figur.
8. Chiffon ist ein ______ dünnes und ______ leichtes Seidengewebe.
9. Das Fußballspiel war ______ langweilig.
10. Die Mannschaft hat ______ schlecht gespielt und ______ hoch verloren.
11. Alle Spieler waren gut vorbereitet und ______ fit.
12. Er hat auf ______ glatter Fahrbahn sein ______ neues Auto zu Schrott gefahren.
13. Draußen ist es ______ dunkel und ______ kalt.
14. In den Bergen liegt der Schnee ______ hoch.
15. Das Thema ist in den Medien gerade ______ aktuell.
16. Die Lage im Katastrophengebiet ist ______ ernst.
17. Wir sind ______ müde und ______ nass von der Wanderung zurückgekehrt.
18. Unserer Meinung nach ist die Entscheidung ______ falsch.
19. Der Wahlkampf war ______ dramatisch.
20. Haben Sie die Lösungen ______ schnell gefunden oder stundenlang überlegt?

Tipp

Adjektive können in ihrer Bedeutung durch bestimmte Nomen, Adjektive oder andere Wortbildungselemente im Sinne eines Superlativs verstärkt werden. Sogenannte Elative sind besonders emotional und oft umgangssprachlich.
Manche Wortbildungselemente sind sehr produktiv:
super- (ugs.) + Adjektiv → *superschön, superteuer*
sau- (ugs.) + Adjektiv → *saugut, sauteuer, saudumm*
hoch- + Adjektiv/Partizip → *hochinteressant, hochkompliziert*
Andere existieren nur in wenigen oder einer einzigen Verbindung:
blitzsauber, brandgefährlich, grundehrlich, urgemütlich, zuckersüß usw.
Auch Nomen können ähnlich verstärkt werden:
das Supertalent, die Topmeldung, das Sauwetter (ugs.), *die Blitzaktion*

M11 Bildschön! – Elative

Bilden Sie Elative, indem Sie das passende Adjektiv aus der jeweils rechten Spalte ergänzen.

1.	bild*schön*	begabt	9.	hyper______	bunt
2.	bitter______	verschieden	10.	kunter______	groß
3.	butter______	konservativ	11.	mause______	wohl
4.	erz______	genau	12.	mega______	nervös
5.	grund______	froh	13.	pech______	cool
6.	haar______	arm	14.	pudel______	schwarz
7.	heil______	~~schön~~	15.	putz______	tot
8.	hoch______	weich	16.	riesen______	munter
17.	sau______	nackt	25.	stock______	traurig
18.	schnee______	lecker	26.	stroh______	fremd
19.	sonnen______	normal	27.	tief______	ernst
20.	splitter______	weiß	28.	tod______	komisch
21.	spott______	trocken	29.	toll______	besoffen
22.	staub______	hart	30.	wild______	dumm
23.	stein______	billig	31.	ultra______	kühn
24.	stink______	klar	32.	ur______	rechts

M12 Auto und Verkehr – Wortfamilie *sehen/Sicht*

Ersetzen Sie die kursiv gedruckten Ausdrücke durch passende Adjektive aus der Wortfamilie *sehen/Sicht* in der richtigen Form.

absehbar • aussichtslos • aussichtsreich • ersichtlich • rücksichtsvoll • sehenswert • sichtlich • umsichtig • unübersichtlich • unvorhersehbar • versehentlich • voraussichtlich • ~~vorsichtig~~ • zuversichtlich

1. Bei Schnee und Glatteis sollte man *mit Bedacht* / besonders vorsichtig fahren.
2. Der Zug hat *vermutlich* / ______________ zehn Minuten Verspätung.
3. Kreuzungen und *schlecht einzusehende* / ______________ Kurven stellen eine oft unterschätzte Gefahrenquelle im Verkehr dar.
4. Er ist *optimistisch* / ______________, dass er die Fahrprüfung besteht.
5. Staus oder Umleitungen *kommen manchmal unerwartet* / sind manchmal ______________.
6. Der Unfallfahrer ist beim Abbiegen *unbeabsichtigt* / ______________ auf die falsche Spur geraten.
7. Der Fahrer hat ohne *erkennbaren* / ______________ Grund gebremst.
8. Der Unfallverursacher war *merklich* / ______________ geschockt.
9. *Vorausschauendes* / ______________ Fahren kann helfen, Unfälle zu vermeiden.

10. Besonders von Busfahrern wird eine *vorsichtige* / ____________________ Fahrweise erwartet.
11. Widerstand gegen den geplanten Autobahnbau dürfte *zwecklos* / ____________________ sein.
12. Es bleibt offen, ob es in *naher Zukunft* / ____________________ Zeit ein kostenloses WLAN-Angebot in Zügen geben wird.
13. Das Deutsche Technikmuseum in Berlin, vormals Museum für Verkehr und Technik, ist international bekannt und sicherlich *interessant* / ____________________.
14. Der Markt für Elektroautos gilt trotz aller Schwierigkeiten immer noch als *lohnenswert* / ____________________.

M13 Ohne Herz – Wortfamilie *Herz*

Ergänzen Sie das passende Adjektiv/Partizip aus der Wortfamilie *Herz* in der richtigen Form.

beherzt • halbherzig • hartherzig • herzensgut • herzhaft • herzig • herzkrank • ~~herzlich~~ • herzlos • herzzerreißend • offenherzig • unbarmherzig

1. Seine Eltern hatten kein __herzliches__ Wort für ihn.
2. Der Vater war ein äußerst ____h____ Mensch.
3. Er war ein liebes und h____________ Kind, das sehr unter dem Vater litt.
4. Die Mutter unterstützte ihn immer nur ____h____.
5. Er träumte davon, einmal unbeschwert und h____________ lachen zu können.
6. Der Vater war schwer h____________ und starb früh.
7. Am Tatort spielten sich h____________ Szenen ab.
8. Durch das ____h____ Eingreifen von Zeugen wurde Schlimmeres verhindert.
9. Der Angeklagte hat seine Beweggründe recht ____h____ dargelegt.
10. Seine Frau beteuert, ihr Mann sei im Grunde ein h____________ Mensch.
11. Laut Psychiater beruht sein h____________ Verhalten auf einer Persönlichkeitsstörung.
12. Man mag das Urteil für ____h____ halten, aber es ist gerecht.

Lösungen

Teil 1 **Wortschatz**

A Kommunikation und persönliche Beziehungen

A1 (2) kompetent (3) prägt (4) viel zitierten (5) Gestik (6) Tonfall (7) umfasste (8) zitiert (9) bestätigen (10) Wesen (11) evolutionär (12) überlebenswichtig (13) zutreffend (14) vorhersehbar (15) überschätzen (16) täuschen (17) einschätzen (18) ersparen (19) gerechtfertigt

A2 2. Moral 3. obszöne, uns fremdschämten 4. unterstellte 5. bestechlich

A3 1. flugs, Falten 2. extravagant, auffälligen, Daumenansatz, Schnürsenkel, Taufe 3. Kommilitonen, schiefen, geflickt, Freizügigkeit, geschlossene, billig, Wimpern

A4 2. introvertiert 3. impulsiv 4. fürsorglicher 5. eitel 6. charismatisch 7. bodenständig 8. idealistisch 9. emanzipierte 10. zynisch 11. wissbegierig 12. ausgeglichenen

A5 (2) Trauschein (3) Krisen überstehen (4) Zuneigung (5) Staatsministerium (6) Verständnis ... entwickelt (7) Gesprächsfertigkeiten ... vermittelt (8) stärken (9) Bedürfnisse (10) auszutauschen (11) belegen (12) Scheidungsrate (13) ergab sich (14) aufsummierten (15) unerfüllten Erwartungen (16) Verhaltensweisen (17) wertschätzender (18) Nähe (19) Vorwürfen (20) reflektieren (21) Begrüßungsritual (22) sich ... mitzuteilen

A6 2e 3f 4a 5g 6c 7d 8i 9h 10k 11j

A7 2c 3a 4f 5b 6d

B Wohnen

B1 (2) begehrten (3) erhöhen (4) gründlich (5) rechtzeitig (6) Budget (7) Präferenzen (8) Kanäle (9) Freundeskreis (10) Bleibe (11) unter der Hand (12) Internetportale (13) Nutzer sind (14) Posten (15) Legen ... an (16) Stellplatz (17) Schalten (18) parat (19) Gehaltsnachweise (20) Bürgschaft (21) datenschutzrechtlich (22) Zuschlag (23) Bedenken (24) potenziellen (25) Schufa-Auskunft (26) signalisieren (27) Solvenz (28) ausschlaggebend (29) herummäkelt

B2 (2) behindern (3) mäßiges (4) präsent (5) gemachte (6) gut (7) Feuermelder (8) angesammelt (9) übermalt (10) Vorschriften (11) besetzt (12) vermögende

B3 2. Der Vertrag wurde erfolgreich abgeschlossen. 3. Wir bekommen ernsthafte Probleme. Wir geraten in eine schwierige Lage. 4. Schwöre nicht das Unglück herauf, indem du darüber sprichst. Sprich nicht über das Negative, sonst tritt es noch ein. 5. Sie sollte sich um ihre eigenen Schwächen und Fehler kümmern, bevor sie andere kritisiert. 6. Ich möchte lieber, dass wir uns für das Gespräch Zeit nehmen. 7. Er hat mit der Rede für große Aufregung gesorgt.

B4 (2) umfasst (3) Entertainment (4) Bedarfsfall (5) Mobilität (6) verriegelt (7) Bandbreite (8) übermitteln (9) Alarm (10) Fußbodenbelag (11) Stürze (12) Weg ... weisen (13) Beeinträchtigungen

C Ernährung und Gesundheit

C1 (2) Mindesthaltbarkeitsdatum (3) vorgeschriebene (4) Konsistenz (5) Ist ... abgelaufen (6) schlagartig (7) überschrittenem (8) klaffen ... auseinander (9) verderblichen (10) Verfallsdatum (11) irrtümliche (12) Vorschlag ... wurde eingebracht (13) verzehrt werden (14) genießbar (15) Schimmel (16) nahezu (17) in der Regel (18) eingangs erwähnten (19) bedenkenlos

C2 2f 3a 4g 5h 6e 7b 8d

C3 (2) Wohlbefinden (3) abwechslungsreich (4) Nährstoffe (5) Hülsenfrüchte (6) versorgen (7) senkt (8) sättigen (9) Ballaststoffe (10) Protein (11) Jod (12) Omega-3-Fettsäuren (13) Eisen (14) Inhaltsstoffe (15) Rapsöl (16) Fettsäuren (17) sparsam (18) Würzen (19) nährstoffarm (20) Kariesrisiko (21) angereichert (22) ungesüßten (23) Diabetes (24) Garen (25) Frittieren (26) schonende (27) Sättigungsempfinden (28) hilfreich (29) moderate (30) regulieren

C4 (2) verweist (3) Sterilität (4) Viren (5) Bakterien (6) Hepatitis (7) nässende (8) Gewebewucherungen (9) Farbpigmenten (10) Lymphknoten (11) Krebsrisiko (12) Diagnose (13) Muttermalveränderungen (14) Kernspintomographien

D Medien und Kultur

D1 (2) Verordnung (3) Dax-Konzern (4) Blogger (5) familiär (6) Einwilligung (7) gespeichert (8) eingefordert (9) Datenübertragbarkeit (10) Websitebetreiber (11) Datenmonopole (12) Einhalt ... gebieten (13) Rechenschaftspflichten (14) rechtskonformen, widerrufen (15) dokumentiert (16) Löschen (17) Datenleck (18) Hackerangriffen (19) Datenerhebung (20) Datenschutzbeauftragter (21) geltenden (22) Bußgelder (23) zivilrechtliche (24) Datenschutzerklärung (25) Newsletter

D2 (2) schwärmen für (3) Influencer (4) Werbeträger (5) Präsent (6) Blogs (7) ausgegeben (8) Reichweite (9) aufwändigen (10) posieren (11) Posts (12) authentisch (13) einträgliches (14) Likes (15) realen (16) Betrüger (17) zwischenzeitlich (18) formiert sich (19) kenntlich gemacht (20) eindeutig (21) Hashtags (22) ist ... ein Dorn im Auge (23) außergerichtlich (24) Anfragen (25) Schmarotzer (26) soziale Medien (27) Langzeitstudien (28) konsumkritisch (29) glaubwürdig

D3 (2) kontrovers (3) erkennen (4) vollendet (5) ahmt nach (6) Zeug (7) Gemälde (8) Betrachters (9) nutzlos (10) Generationen (11) Kleckse

D4 (2) Rahmen (3) Radierung (4) kitschig (5) Skizzen (6) Grafiker (7) Fälschung (8) Portät (9) Atelier (10) Druck (11) Skulptur (12) Vernissage (13) Auktionator

D5 2f 3a 4c 5b 6d

E Politik und Gesellschaft

E1 (2) Umsetzung (3) eingreifen (4) subventionieren (5) in Kauf genommen werden (6) erneuerbare (7) Prämien (8) Branche (9) investiert (10) Ausstattung (11) angesichts (12) Ressourcen (13) forcieren

E2 Arbeitslosenversicherung Rentenversicherung Pflegeversicherung

E3 2f 3a 4j 5i 6k 7c 8e 9d 10g 11h

E4 (2) erläutert (3) unerhebliche (4) Mittelmaß (5) Ausbeutung (6) setzen (7) ermöglichen (8) lokalen (9) Stopp (10) Forderung (11) Prämien (12) sich beschweren (13) renaturiert (14) egoistisch (15) Entlassungen (16) abwiegen (17) teuer

E5 (2) Leidenschaft (3) beeinflussen (4) ehrenamtliches (5) Veränderungsimpulse (6) Jury (7) Initiative (8) Finanzierungsplan (9) Modelabel (10) entlohnt (11) ausbeuterischen

E6 1. immense, Erzeugung, verstärken, In Anbetracht, grundlegend 2. Ungeachtet, Nach Meinung von, vollständig, verschwinden, bereits, verenden 3. Binnen, aufgrund, globalen 4. zugunsten der

Teil 2: **Grammatik**

F Verben

F1 1. (2) will (3) soll (4) will (5) sollen (6) will
2. (1) muss (2) kann (3) dürften (4) muss (5) kann (6) dürfte

F2 2. Daraufhin will sie an den Wurzeln der Pflanze eine Vogelspinne entdeckt haben. 3. In einem Waldstück bei Ebersberg hat man in manchen Nächten eine weißgekleidete Frau am Straßenrand sehen können. 4. Sie soll plötzlich auf der Rückbank gesessen haben, wenn der Autofahrer nicht angehalten hat. 5. Bei einem Jungen aus einer Kindergartengruppe soll es nach einem Zoobesuch plötzlich aus dem Rucksack getropft haben. 6. Der Junge hat seinen Rucksack öffnen müssen, und die Kindergärtnerin hat darin einen Pinguin gefunden. 7. Er hat so gern so einen süßen Pinguin haben wollen, war seine Erklärung.

F3 2. Die Medizin heutzutage kann Krankheiten, die früher tödlich waren, verhindern oder heilen. 3. Die Gesellschaft muss deshalb eine wachsende Anzahl an alten Personen versorgen. 4. Jeder will alt werden, aber keiner will als alt gelten.
5. Psychologen raten, dass man eine positive innere Einstellung zum Alter finden sollte.
6. Durch eine entspannte Haltung, die auch die Vorteile und Chancen des Alters sieht, könne man den körperlichen und geistigen Alterungsprozess hinauszögern oder verlangsamen.

F4 2. Dennoch darf es besonders im Rahmen ... nicht vernachlässigt werden. 3. Demnach kann ein Mensch ... besonders gut gebrauchen, während ein ... ausgestatteter Mensch außergewöhnlich gut und schnell logische Probleme lösen kann. 4. Wenn jemand ... mitbringt, sollte/muss/darf er allerdings nicht als dumm gelten, denn es gibt diverse andere Gebiete, die ...
5. So muss man von emotionaler Intelligenz sprechen, wenn jemand ... als auch die eigenen Verhaltensweisen gut verstehen und steuern kann. 6. Doch auch die musisch-rhythmische wie auch die bildlich-räumliche Intelligenz darf nicht vernachlässigt werden, denn ... und Architekten müssen als ... Menschen betrachtet werden. 7. Ebenso darf körperlich-kinästhetische Intelligenz nicht vergessen werden, wie sie bei Athleten, Chirurgen, Physiotherapeuten oder Mechanikern gefunden werden kann, also Menschen, die ihren Körper zur Lösung eines Problems einsetzen können. 8. Schlussendlich dürfen auch Menschen mit bemerkenswerter Sensibilität für die Natur und ihre Umwelt nicht übersehen werden, Naturforscher, Tierärzte,

Köche sowie so manche einfachen Hirten, die als mit naturalistischer Intelligenz ausgestattet betrachtet werden müssen.

F5 2. Zu diesem Studium werden alle interessierten erwachsenen Personen zugelassen. / Alle interessierten erwachsenen Personen werden zu diesem Studium zugelassen. 3. Im Rahmen dieses Studiums werden die ... bearbeitet. 4. An manchen Hochschulen wird auch Studienanfängern ... angeboten, das ... 5. Dabei werden Schlüsselkompetenzen vermittelt, die ... 6. Beim Abschluss des Studiums wird kein akademischer Grad verliehen.

F6 2. eine häufig zu beobachtende Entwicklung / eine Entwicklung, die sich häufig beobachten lässt / eine Entwicklung, die häufig zu beobachten ist 3. einfach zu vernetzende Geräte / Geräte, die sich einfach vernetzen lassen / Geräte, die einfach zu vernetzen sind 4. ein ernst zu nehmender Faktor / ein Faktor, der ernst zu nehmen ist 5. ein jederzeit zu kündigender Vertrag / ein Vertrag, der sich jederzeit kündigen lässt / ein Vertrag, der jederzeit zu kündigen ist 6. die umgehend zu leistende Rückzahlung / die Rückzahlung, die umgehend zu leisten ist 7. die regelmäßig durchzuführende Kontrolle / die Kontrolle, die regelmäßig durchzuführen ist
1. Passiv mit *können* kann man ersetzen durch Gerundiv, *sich lassen* + Infinitiv und *sein* + *zu* + Infinitiv
2. Passiv mit *müssen* und *sollen* kann man ersetzen durch Gerundiv und *sein* + *zu* + Infinitiv

F7 2. Die Mitarbeiter bekommen die Funktionen des neuen Kopierers gezeigt. 3. Ich muss diesen Satz noch einmal genau erklärt bekommen. 4. Herr Müller bekommt die Auslagen für die Geschäftsreise erstattet. 5. Du hast tatsächlich die Stelle als Personalleiterin angeboten bekommen? Gratuliere! 6. Man bekommt die bestellten Bücher umgehend zugeschickt. 7. Ich habe das Sofa erst zwei Monate später geliefert bekommen. 8. Ich habe mitgeteilt bekommen, dass ich vierteljährlich Steuervorauszahlungen leisten soll. 9. Der Kunde bekommt das Kennwort für sein Bankkonto per Post zugesendet.

F8 2. Für eine Hochzeit im Ausland müssen alle Unterlagen übersetzt werden. 3. Er kreuzt die falsche Lösung durch. 4. Das schlechte Wetter hat alle Pläne für das Fest durchkreuzt. 5. Bei dem starken Regen habe ich mich in einem Hauseingang untergestellt. 6. Der Staatsanwalt unterstellt dem Angeklagten, den Überfall schon lange geplant zu haben. 7. Der Bankräuber hat bei seiner Flucht die Straßensperre umgefahren, deshalb war sein Auto kaputt. 8. Der Taxifahrer hat den Stau auf der Bundesstraße geschickt umfahren. 9. Endlich haben die Sonnenstrahlen die dicke Wolkendecke durchbrochen. 10. Der starke Sturm hat den dicken Ast in der Mitte durchgebrochen.

F9 2. ... auch das Nordpolarmeer zu durchkreuzen, ... 3. Wie manche andere unternahm James Cook auch einen Versuch, ... 4. ..., von der er nicht wiederkam. 5. Kein einziger der Schiffsbesatzung hatte überlebt, ... 6. Sie wurden auf die Todesursachen hin untersucht, ... 7. ..., was diese Menschen wohl durchgemacht haben. 8. ..., das weit von der vermuteten Route entfernt untergegangen war. 9. ..., indem er zweimal überwinterte und somit die Strecke in drei Jahren, von 1903 bis 1906, durchfuhr. 10. Amundsens Erfolg wurde in den folgenden Jahrzehnten mehrmals wiederholt, ...

F10 2. Wenn er nicht in den letzten zwei Wochen auch noch die Urlaubsvertretung für seinen Kollegen hätte übernehmen müssen, wäre er wohl nicht krank geworden. 3. Wenn sie nicht trotz ihrer Allergie unbedingt ein paar Erdbeeren hätte essen wollen, hätte sie sicherlich nicht so einen schlimmen Ausschlag bekommen. 4. Wenn er nicht gestürzt wäre und am Bein hätte operiert werden müssen, wäre er wahrscheinlich noch am Leben. 5. Wenn sie den Mitarbeitern besser hätte erklärt werden können, hätte es bestimmt keine Streiks gegeben. 6. Wenn er nicht trotz des Schneesturms unbedingt den Gipfel hätte erreichen wollen, hätte er sich nicht schlimme Erfrierungen zugezogen.

F11 2. Und hätte das Auto vor ihm starten können, wenn es tags zuvor in der Werkstatt hätte repariert werden können und der Azubi den Fehler hätte finden können? 3. Eigentlich hätte sein Chef an diesem Nachmittag arbeiten wollen, wenn er nicht wegen Halsschmerzen früher nach Hause hätte gehen müssen. 4. Wenn er am Abend davor nicht auf eine Versammlung hätte gehen müssen, wäre er auf dem Heimweg nicht von einem Gewitterregen völlig durchnässt worden. 5. Wenn seine Tochter den Regenschirm nicht in der Schule vergessen hätte, hätte er ihn finden und mitnehmen können. 6. Wenn er beim nächtlichen Gewitter nicht völlig durchnässt worden wäre, hätte er am nächsten Tag keine Halsschmerzen bekommen. 7. Hätte der Bahnübergang nicht längst mit einer Schranke ausgestattet werden sollen?

8. Die Planung hätte der Bürgermeister nur noch unterschreiben müssen. 9. Doch sein Sohn hatte sich jeden Tag über die Schlaglöcher in der Straße vor ihrem Haus geärgert, weil er auf einer glatten Straße viel schneller hätte skaten können. 10. Also hatte sein Vater die Straße, die erst im nächsten Quartal hätte ausgebessert werden sollen, als Bau-Projekt vorgezogen und die Schranke warten lassen.

F12 (1) ... man solle nicht mehr als etwa 150 g pro Person essen, da der Körper mehr Eiweiß auf einmal nicht verarbeiten könne. (2) ..., was für ein Fleisch er empfehle. (3) ... solle zu Hühner- oder Putenfleisch greifen, da rotes Fleisch das persönliche Risiko erhöhe, an Darmkrebs zu erkranken. (4) ..., ob es auch Fleisch gebe, das gar nicht gegrillt werden solle. (5) ... müsse vermeiden, gepökeltes Fleisch wie Speck, Kassler oder Wiener Würstchen zu grillen, da das Pökelsalz bei über 150 Grad krebserregende Nitrosamine entwickele. (6) ... möge einen Tipp geben, wie man das Grillen genießen könne, ohne seine gute Figur zu verlieren. (7) Man dürfe keine Bratwurst essen, die zu einem Viertel aus Fett besteht, sondern solle Hühnerfleisch, Schnitzel oder Hackfleisch kaufen. (8) ..., wie es denn bei einer Diät mit Fisch aussehe.
(9) ... gegessen werden dürfe.

F13 2. Professor Dr. Peters gemäß kann die Oxalsäure im Spinat Knochen und Zähne schädigen. 3. Der Studie einer amerikanischen Universität zufolge kann mäßiger Genuss von Rotwein Herz-Kreislauf-Erkrankungen vorbeugen. 4. Wie Frau Dr. Kirchhof ihren Zuhörern in ihrem Vortag erklärt, setzt Zucker die Leistungsfähigkeit des Immunsystems herab und macht den Körper somit anfälliger für Krankheiten.
5. Dem Küchenchef Fred Laber nach soll man Pilze höchstens einmal wieder aufwärmen, da es sonst zu Übelkeit und Durchfall kommen kann.

G Satz

G1 2. Nachfeld; Einige Hirten in der Region Kaffa sollen beobachtet haben, dass die Tiere nach dem Genuss dieser Früchte nachts länger wach und unternehmungslustiger waren als ihre Artgenossen. 3. Nachfeld; Weitere Zufälle waren notwendig, bis die richtige Zubereitungsart des Kaffees entdeckt wurde, das Rösten, Mahlen und Aufbrühen der Bohnen. 4. Vorfeld; Durch Sklavenhandel waren vermutlich im 14. Jahrhundert die ersten Kaffeebohnen nach Arabien gelangt. 5. Vorfeld; Geröstet und getrunken wurde Kaffee dort aber erst hundert Jahre später. 6. Nachfeld; In der Folgezeit kann die Ausbreitung der Kaffeekultur gesehen werden wie eine langsame Eroberung der Welt. 7. Vorfeld; Verboten wurde der Kaffeegenuss im Osmanischen Reich jedoch bis Anfang des 19. Jahrhunderts. 8. Nachfeld; In Preußen war die Zubereitung von Kaffee zu Zeiten Friedrichs des Großen nicht Privatleuten erlaubt, sondern nur staatlichen Einrichtungen. 9. Vorfeld; Empfohlen hatte einst Johann Wolfgang von Goethe, Kaffeebohnen zu destillieren, um seine Wirkstoffe zu analysieren, wodurch später das im Kaffee enthaltene Koffein entdeckt wurde.

G2 2. Sind die Ergebnisse der Studie zum Aussterben der Dinosaurier richtig, ist auch dieses Geschehen auf einen Asteroiden zurückzuführen – ein Geschehen, das jederzeit wieder der Erde drohen könnte. 3. Sollte es dazu kommen, ist die Wahrscheinlichkeit, dass der Himmelskörper auf das Meer trifft, sehr groß, da 70 % der Erdoberfläche mit Meeren bedeckt sind. 4. Taucht ein so großer und unendlich heißer Gesteinsbrocken ins Meer ein, kommt es zu Tsunamis, allerdings verdampft auch eine riesige Menge an Wasser. 5. Steigt der Wasserdampf in die Stratosphäre auf, kann er dort jahrelang bleiben und das Klima schwerwiegend verändern.
6. Trifft jedoch ein Meteorit von 1,5 Kilometern Durchmesser, wie vor 15 Millionen Jahren im Nördlinger Ries, auf Land, entsteht ein Krater von 25 Kilometern Durchmesser. 7. Passiert das, ist in einem weiten Umkreis kein Leben mehr möglich und die weiteren Auswirkungen würden die Erde zu einem lebensfeindlichen Raum machen. 8. Gelangen durch die Brände große Mengen Ruß in die Atmosphäre, dringt kein Sonnenlicht mehr durch. 9. Fehlt das Sonnenlicht, sinken die Temperaturen rapide und es ist für Pflanzen, Tiere und schließlich auch für den Menschen kein Leben mehr möglich.

G3 2. Verglichen mit 3. Aufs Jahr hochgerechnet 4. Im Grunde genommen 5. Angenommen 6. Offen gesagt 7. Anders formuliert 8. Oberflächlich betrachtet, streng genommen

G4 2. Mitunter sind die Störungen durch Kollegengespräche oder Telefon zu häufig, um konzentriert und effizient seine Arbeit erledigen zu können. 3. Muss man wegen einer dringenden Angelegenheit kurz telefonieren, sollte man sich darüber klar sein, dass ein Telefonat zu selten zuverlässig dokumentiert wird, als dass sein Inhalt jederzeit mühelos nachvollzogen werden könnte. 4. Auch Instant-Messaging ist zwar schnell und direkt, aber häufig zu inflationär, um ein aufs Wesentliche beschränktes und einfach nachvollziehbares Prozedere zu gewährleisten. 5. E-Mails geben mehr zeitlichen Freiraum im Hinblick auf die Beantwortung, sind aber auch bezüglich der Archivierung zu sehr der Eigenverantwortung der Empfänger überlassen, um sich für dringende und wichtige Arbeitsprozesse anzubieten. 6. Wikis und Blogs geben die Möglichkeit, Arbeitsergebnisse im Prozess für viele festzuhalten, wobei diese Medien jedoch zu ergebnisorientiert sind, als dass sie für kleinschrittige Nachrichtenübermittlung geeignet wären.

G5 2. Das für eine befriedigende Zusammenarbeit notwendige Vertrauensverhältnis ist zerstört, deswegen führt Mobbing in Unternehmen häufig tatsächlich dazu, dass das Opfer die Firma verlässt. 3. Selbst wenn ein Mobbing-Opfer vor Gericht geht und seine Firma verklagt, kann kein Erfolg garantiert werden. 4. Viele Betroffene wollen sich nicht auf eine gerichtliche Auseinandersetzung einlassen, zumal die Fristen, innerhalb derer man juristische Hilfe anfordern kann, schnell verstreichen. 5. Trotz seelisch belastender Arbeitsbedingungen wollen sie einen sicheren Arbeitsplatz nicht aufgeben, dafür nehmen sie die täglichen Angriffe in Kauf. 6. Die Betroffenen befinden sich in einem Teufelskreis, da die erfahrene Verunsicherung dazu führt, dass sie in ihrer Arbeit tatsächlich mehr Fehler machen. 7. Zwar ist es schwierig, solch eine Situation zu ertragen, aber Sport, generell Hobbys, und auch soziale Kontakte können helfen. 8. Auf jeden Fall sollten Mobbing-Opfer Hilfe bei Ärzten oder Psychologen, nicht bei Alkohol oder Tabletten suchen, damit nicht auch noch ein Suchtproblem hinzukommt.

G6 2. Wenn 3. als 4. wenn 5. indem 6. infolgedessen 7. Dadurch 8. folglich 9. Seither 10. Sobald 11. sofern 12. daher

G7 2. weshalb (wodurch) 3. womit 4. wofür 5. was 6. womit 7. worunter 8. weshalb

H Nominal- und Verbalstrukturen

H1 2. Die sehr idealistische Vorstellung junger Eltern von einer gerechten Aufteilung der Aufgaben lässt sie optimistisch in die Zukunft blicken. 3. Ihre anfänglich hohe Motivation, alle Rechtsansprüche dem Arbeitgeber gegenüber geltend zu machen, wird mitunter dem Betriebsalltag nicht gerecht. 4. Die Umsetzung der Erziehungszeit für den Mann erfolgt in den Betrieben manchmal nur schwer oder gar nicht. 5. Die Furcht vieler Männer vor negativen Auswirkungen auf ihre Karriere, wenn sie Teilzeitarbeit oderErziehungsurlaub in Anspruch nehmen, lässt sie diesen Plan aufgeben. 6. In vielen jungen Familien ist es immer noch nur der Versuch der Mutter, Beruf und Kinder unter einen Hut zu bringen. 7. Aber auch viele Väter leiden unter den maximalen Anforderungen im Beruf und dem gleichzeitigen Wunsch nach genug Zeit mit der Familie.

H2 2. Den Aufenthalt genau zu planen, ... 3. Die Bevorzugung gut ausgebildeter Arbeitnehmer ... 4. Die Beachtung der jeweiligen Visumsvorschriften ... 5. Dass bestimmte Berufsgruppen bevorzugt werden, ... 6. Die Arbeitssuche im europäischen Ausland ... 7. Dass man die Landessprache gut beherrscht, ... 8. Kompetenz im interkulturellen Miteinander ... 9. Das Hilfsangebot von international agierenden Jobbörsen ...

H3 2c 3q 4a 5r 6b 7h 8g 9j 10n 11f 12p 13e 14i 15k 16o 17l 18d

H4 2. Bei so starker Schadstoffbelastung der Luft 3. Infolge der Luftverschmutzung 4. aufgrund/wegen des Verkehrsstaus 5. Durch einen Beschluss zur Reduzierung des Autoverkehrs 6. Für die Erreichung dieses Ziels ist auch die Einrichtung völlig autofreier Zonen nötig. 7. Trotz mancher verärgerter Reaktionen der Autofahrer

H5 2. Weil/(auch möglich: Indem) sie von den Wellen des Meeres bearbeitet werden, ... 3. Indem/(auch möglich: Weil) es von West nach Ost strömt, ... 4. Sand und Sedimente, die sich auf der Ostseite anlagern, ... 5. Weil sie durch Befestigungen verlangsamt wurde, ... 6. Während sie früher ausschließlich vom Fischfang lebten, ...

I Präpositionen

I1 B f8 C c12 D c11 E e5 F d6 G c2 H g3 I h10 J i4 K j9 L a7

I2 2. mithilfe 3. Hinsichtlich 4. kraft 5. Ungeachtet 6. oberhalb 7. unweit 8. Angesichts 9. mangels 10. mittels 11. dank 12. aufgrund

I3 A c5 B b7 C a4 D e8 F f3 G c6 H c1

I4 2. gemäß / entsprechend 3. Laut 4. entsprechend / gemäß 5. samt 6. zufolge 7. fern 8. zuliebe 9. aufgrund

I5 2. Aufgrund einer technischen Störung fährt die S-Bahn heute via Höllererplatz zum Flughafen. 3. Die Abstimmung der Mitarbeiter fiel pro Einführung der Gleitzeit, aber kontra Einführung von Schichtdiensten aus. 4. In dem Studentenwohnheim ist die Miete exklusive der Stromkosten. 5. Viele Schulabsolventen wägen lange und unentschieden die Vorteile eines Studiums versus einer Ausbildung ab.

J Pronomen und Adjektive

J1 *Es* wird seit der Einführung der Sommerzeit 1980 darüber diskutiert, ob sie positive Auswirkungen hat oder nicht. Befürworter argumentieren, dass *es* durch die Sommerzeit möglich sei, mehr Zeit im Freien zu verbringen. *Es* werden mehr Menschen mit dem lebenswichtigen Vitamin D versorgt. Auch würde Energie gespart, wenn *es* im Sommer sehr spät dunkel wird. Ob das stimmt, ist fraglich. Die Prozentzahl der eingesparten Energie ist minimal, wie Untersuchungen ergeben haben.
Angeblich gibt *es* Statistiken, die eine verminderte Kriminalitätsrate mit der Sommerzeit in Verbindung bringen. Doch die Gegner der Zeitumstellung finden es wichtiger, dass Mensch und Tier zweimal pro Jahr durch den verschobenen Rhythmus physisch und psychisch enorm belastet sind. Besonders bei der Umstellung auf die Sommerzeit haben *es* alle schwer, die „verlorene" Stunde zu verarbeiten und die allgemeine Müdigkeit am Arbeitsplatz verursacht einen erheblichen volkswirtschaftlichen Schaden. Dazu kommt *es* in den Tagen der Umstellung zu einer Zunahme an Herzinfarkten um 20 %. Auch in der Forstwirtschaft sind deutlich mehr Wildunfälle zu verzeichnen, da durch die Umstellung viele Arbeitnehmer in der Zeit der Dämmerung, wenn das Wild unterwegs ist, zur Arbeit fahren.

J2 2. vielen kleinen Erdbeben 3. etlichen großen Beben 4. einige verheerende Tsunamis 5. verschiedene nachweisbare Ursachen 6. zahlreichen natürlichen Beben 7. mehrere menschengemachte Erschütterungen 8. folgende bauliche Veränderungen 9. Wenige derartige Aktivitäten 10. keine absolut zuverlässige und genaue Möglichkeit 11. andere zerstörerische Naturkatastrophen

K Wortbildung: Rund ums Verb

K1 2. d*u*rchgelaufen 3. *u*nterziehen 4. durchz*ie*ht/ durchz*o*g 5. unterz*ie*hen 6. *u*mgeht 7. überl*au*fen 8. umf*a*hren 9. *ü*bergegangen 10.*u*mgefahren 11. *ü*berziehen 12. *u*ntergestellt 13. umg*e*ht 14. d*u*rchgebrochen 15. überg*a*ngen 16. umschr*ei*b 17. unterst*e*llt 18. überz*ie*ht 19. *u*mgeschrieben 20. d*u*rchgezogen 21. durchl*au*fen 22. durchbr*e*chen
trennbar/untrennbar: 2/21 20/4 14/22 1/7 9/15 11/18 6/13 10/8 19/16 3/5 12/17

K2 2. überfordert 3. übernommen 4. überlaufen 5. überfüllt 6. überlastet

K3 2. Sie gut beraten 3. Ihre Thesen zu begründen 4. beeinflusst die Note positiv 5. bezweifle nicht 6. werden Sie benachrichtigt

K4 2g Strick 3b Hände 4f Wassertrog 5d Kissen 6a Faust(schlag) 7e Gewehr

K5 2. ausbreiten, breitet ... aus 3. erkälten, erkältet hat 4. erschweren, erschweren 5. einseifen, einzuseifen 6. stärken, gestärkt werden 7. bekämpfen, bekämpfen 8. wappnen, Wappnen 9. verkürzen, verkürzen flüchten, flüchten

K6 2. verkleinert 3. gebessert/verbessert 4. schmälern 5. verschlechtert 6. verlängert 7. verbessert 8. verschlechtern 9. mildern 10. verschönern 11. verbreitert 12. vermehren

K7 2. zerfallen 3. zerschnitten 4. zerlöchert 5. zerstreut 6. zertrennt

K8 *brauchen:* verbrauchen *fallen:* entfallen, missfallen, verfallen, zerfallen *geben:* vergeben *handeln:* misshandeln, verhandeln
lassen: entlassen, verlassen, zerlassen
nehmen: entnehmen, vernehmen
sagen: entsagen, versagen *teilen:* verteilen, zerteilen
2. vergeben 3. verfällt 4. zerfiel 5. missfällt/ missfiel 6. verlassen 7. verbrauchen 8. versagt haben 9. verhandelt 10. vernommen 11. entlassen 12. misshandelt 13. entsagen 14. verteilt 15. entfallen 16. entnehmen 17. zerteilt 18. zerlassen

K9 *nehmen:* hochnehmen, vorwegnehmen, zurücknehmen *haben:* handhaben, satthaben, wahrhaben, voraushaben *geben:* preisgeben, zufriedengeben, weggeben, zurückgeben *legen:* lahmlegen, stilllegen, hineinlegen, niederlegen
2. hat ... satt 3. wahrhaben 4. vorweggenommen 5. preisgegeben 6. lahmgelegt 7. zurücknehmen 8. gibt ... zufrieden

K10 2. staubsaugen (*untr.*) 3. eislaufen (*tr.*) 4. heimzahlen (*tr.*) 5. schlussfolgern (*untr.*) 6. notlanden (er notlandet/ist notgelandet, notzulanden). 7. notoperieren (er notoperiert, hat notoperiert, notzuoperieren) 8. schlafwandeln (*untr.*) 9. schiefgehen (*tr., ugs.*) 10. festnehmen (*tr.*) 11. freisprechen (*tr.*) 12. naheliegen (*tr.*) 13. klarstellen (*tr.*) 14. vollenden (*untr.*) 15. gutschreiben (*tr.*) 16. zufriedenstellen (*tr.*)

K11 2. ent-/er-: ermutigen ↔ entmutigen 3. an-/ab-: annehmen ↔ ablehnen 4. ein-, aus-: einladen ↔ ausladen 5. zu-/wider-: zustimmen ↔ widersprechen 6. be-/wider-: befolgen ↔ sich

widersetzen 7. be-/miss-: beachten ↔ missachten 8. be-/ver-: bejahen ↔ verneinen 9. auf-/ab-: aufhängen ↔ abhängen 10. ver-/ent-: verspiegeln ↔ entspiegeln 11. zu-/ab-: zuraten ↔ abraten 12. be-/ent-: bevölkern ↔ sich entvölkern 13. ent-/auf-: aufladen ↔ entladen
14. ex-/im-: importieren ↔ exportieren

K12 1. motiviert 2. identifizieren, repräsentiert 3. polarisiert, bestätigt sich 4. angekündigt, modifizieren 5. favorisieren, kandidieren 6. signalisiert, vernachlässigt

K13 (2) ausmacht (3) zusammentun (4) machbar (5) angetan (6) weiterzumachen (7) wettgemacht (8) gleichgetan (9) tatkräftig (10) dichtmachen (11) hausgemachter (12) vermacht (13) Zutaten (14) aus

L Wortbildung: Rund ums Nomen

L1 1. Ehrlichkeit 2. Gelassenheit 3. Achtsamkeit 4. Boshaftigkeit, Freundlichkeit 5. Schüchternheit 6. Schlappheit, Antriebslosigkeit 7. Gewissenhaftigkeit 8. Belastbarkeit 9. Beharrlichkeit 10. Bescheidenheit 11. Rastlosigkeit, Ruhelosigkeit 12. Gereiztheit, Unausgeglichenheit 13. Warmherzigkeit, Einfühlsamkeit 14. Gewissheit, Aufrichtigkeit, Echtheit 15. Ernsthaftigkeit 16. Leichtigkeit, Mühelosigkeit

L2 2d Bürgertum 3b Arbeiterschaft 4e Priestertum 5c Kundschaft 6g Studentenschaft 7f Judentum 8j Mitgliedschaft 9i Herrschertum 10h Heldentum 11o Mittäterschaft 12n Unternehmertum 13l Winzergenossenschaft 14m Wählerschaft 15k Spekulantentum

L3 *pflegen*: die Pflege, der Pfleger *spenden*: die Spende, der Spender sprechen: die Sprache, der Sprecher *lesen*: der Leser, die Lesung *rechnen*: der Rechner, die Rechnung
2. Rechner 3. Lesungen 4. Beratung 5. Pflege 6. Sprechers

L4 2. Fußballkommentator 3. Fahrkartenkontrolleure 4. Kinderbuchillustratorin 5. Börsenspekulant 6. Getränkelieferanten 7. Auslandsberichterstatterin/Auslandskorrespondentin/Auslandsjournalistin 8. Softwarespezialist 9. Großaktionär 10. Klinikdirektor 11. Ausstellungsorganisatorin 12. Baumwollproduzenten 13. Schaufensterdekorateurin 14. Filmkomponist 15. Gewerkschaftsfunktionäre/Gewerkschaftsbeauftragte 16. Drehbuchautor 17. Hochschulabsolventen 18. Rucksacktouristen/Rucksackurlauber

L5 1. Raritäten 2. Plastiken und Skulpturen 3. Exponat 4. Technik, Komposition 5. Authentizität, Antiquitäten 6. Reproduktionen
-at: das Exponat *-ik*: die Plastik, Technik
-(iz)ität: die Rarität, Authentizität, Antiquität
-(it)ion: die Komposition, Reproduktion

L6 2k das Zertifikat 3h die Qualifikation 4a die Solidarität 5g die Elastizität 6b die Infektion 7o das Referat 8d die Symbolik 9e die Originalität 10n die Expansion 11j die Lyrik 12c die Humanität 13l das Inserat 14m die Problematik 15i die Kooperation

L7 2. Gebrüll 3. Geheule 4. Gespür 5. Gewühl 6. Getue

L8 2. Grundprinzip 3. Hauptaufgaben 4. Sonderregelungen 5. Außenstelle 6. Fehlentscheidung 7. Gegenstimmen 8. Innenminister 9. Rückführung 10. Widerstand

L9 2. der Antialkoholiker 3. die Misswirtschaft 4. die Inkompetenz 5. das Unkraut 6. die Antithese 7. das Unvermögen 8. die Missgunst/Ungunst 9. die Immobilität 10. das Unding 11. das Nichterscheinen 12. das Unbehagen/Missbehagen

L10 2. Beste 3. Halbes, Ganzes 4. Ersten, Letzten 5. Blinder 6. Gutes 7. Fleißigen 8. Böses

L11 2. Zum Autowaschen 3. Durch tägliches Schwimmen 4. Beim Kaffeetrinken 5. Vor dem Schlafengehen 6. Nach dem Zähneputzen 7. Wegen Falschparken(s) 8. vor (lauter) Lachen

L12 1. Autoknacken 2. Angeklagte(r), Schweigen 3. Unbewaffnete(n) 4. Betroffene, Schlimmste 5. Obdachlose(r), Erfrieren 6. Wiedersehen, Vermisste(r) 7. Freiwillige, Sterbenden 8. Deutsche, Älterwerden, Alleinsein 9. Verdächtige(r) 10. Unschuldige(r)

L13 *Nomen + wagen:* Dienst-, Sport-, Unfallwagen
Nomen + s/es + wagen: Einkaufs-, Mannschafts-, Rettungs-, Jahreswagen
Nomen + e/en/er + wagen: Getränke-, Pferde-, Personen-, Puppen-, Bücher-, Kinderwagen
Verbstamm + wagen: Liefer-, Miet-, Vorführ-, Wohnwagen
Verbstamm + e + wagen: Liege-, Speisewagen
Adjektiv/Partizip + wagen: Gebraucht-, Klein-, Neu-, Privatwagen
2. Dienstwagen 3. Vorführwagen 4. Sportwagen 5. Speisewagen 6. Puppenwagen 7. Einkaufswagen 8. Lieferwagen 9. Gebrauchtwagen 10. Rettungswagen 11. Wohnwagen 12. Kinderwagen

M Wortbildung: Rund ums Adjektiv

M1 2. heutigen 3. mehrstündige 4. morgendlichen 5. versehentlich 6. vorherige 7. blutig 8. häuslichen

M2 2c bürgerliche 3a kumpelhaftes 4b lehrerhafter 5d damenhafte 6g polizeiliche 7i richterlicher 8f ärztliches 9j menschliches 10h laienhafte 11o zeitgenössische 12n meisterhafte 13k fußballerisches 14m künstlerische 15l dichterische

M3 2c handlich 3d herrischen 4e kindliche 5a händisch 6b weibisches 7i kindisches 8g heimisch 9h weibliche 10f herrliches

M4 2. originale, originell: original (= echt) ↔ originell (neuartig, besonders) 3. funktionell, funktionaler: funktional (=auf die Funktion bezogen) ↔ funktionell (= die Funktion erfüllend, praktisch) 4. unrationelle, rational: rational (= vernunftgelenkt) ↔ rationell (effektiv, wirkungsvoll) 5. formell, formal: formal (auf die äußere Form bezogen) ↔ formell (nach den Regeln)

M5 2. fahrerlose 3. ersatzlos 4. kostenlose 5. schwindelfrei 6. Unfallfreies 7. emissionsfrei 8. reibungslose 9. störungsfrei 10. endlose

M6 2. antiautoritär 3. ungünstig/missgünstig 4. illegal 5. widerrechtlich 6. desinteressiert 7. nonverbal 8. unnormal/anormal 9. misstrauisch 10. unnütz 11. indiskutabel 12. irreal

M7 *ausweichen*: unausweichlich *bedenken*: unbedenklich *begreifen*: unbegreiflich *berechnen*: unberechenbar *folgen*: unfolgsam *lieben*: unliebsam *raten*: unratsam *schätzen*: unschätzbar *streiten*: unstreitig/unstrittig *vergessen*: unvergesslich *verzichten*: unverzichtbar *zumuten*: unzumutbar *zulassen*: unzulässig
2. unschätzbarem 3. unberechenbar 4. unbegreiflich 5. unverzichtbar 6. unzulässig 7. unliebsame 8. unstreitig/unstrittig 9. unauffällige 10. unratsam (unzumutbar) 11. unbedenklich 12. unfolgsam 13. unausweichlich (unverzichtbar) 14. unzumutbares

M8 1g spülmaschinengeeignet 2d schmerzlindernd, entzündungshemmend 3j atmungsaktive, wasserundurchlässige 4b widerstandsfähig, witterungsbeständig 5c formschönes, preisgünstig 6a hautfreundlich, geruchtsneutral 7e erntefrisch, geschmacksintensiv 8i vitaminreich, kalorienarm 9f schneesicher, anspruchsvoll 10h ausdrucksstark, wortgewandt

M9 2. ungewiss 3. unruhig 4. unausgelastet 5. unheilvoll 6. irreversibel
2. ungewiss 3. Unruhige 4. unausgelastet 5. unheilvolle 6. irreversibel

M10 2. blutjung, bettelarm/bitterarm 3. uralten, potthässlichen *(ugs.)* 4. quicklebendig, kerngesund 5. mutterseelenallein 6. knallrot *(ugs.)* 7. hauteng, gertenschlanke 8. hauchdünnes, federleichtes 9. todlangweilig 10. grottenschlecht *(ugs.)*, haushoch 11. topfit 12. spiegelglatter, nagelneues *(ugs.)* 13. stockdunkel, eiskalt/bitterkalt 14. meterhoch 15. brandaktuell/topaktuell 16. bitterernst/todernst 17. hundemüde *(ugs.)*/todmüde, tropfnass 18. grundfalsch 19. hochdramatisch 20. blitzschnell *(ugs.)*

M11 2. bitterarm 3. butterweich 4. erzkonservativ 5. grundverschieden 6. haargenau *(ugs.)* 7. heilfroh *(ugs.)* 8. hochbegabt 9. hypernervös 10. kunterbunt 11. mausetot *(ugs.)* 12. megacool *(ugs.)* (megagroß, meganervös) 13. pechschwarz 14. pudelwohl *(Adverb, ugs.)* 15. putzmunter *(ugs.)* 16. riesengroß 17. saulecker *(ugs.)* (sautrocken, sauhart, saubillig) 18. schneeweiß 19. sonnenklar 20. splitternackt *(ugs.)* 21. spottbillig *(ugs.)* 22. staubtrocken 23. steinhart 24. stinknormal *(ugs.)* 25. stockbesoffen *(ugs.)* 26. strohdumm 27. tieftraurig 28. todernst 29. tollkühn 30. wildfremd 31. ultrarechts *(Adverb)* 32. urkomisch

M12 2. voraussichtlich 3. unübersichtliche 4. zuversichtlich 5. unvorhersehbar 6. versehentlich 7. ersichtlichen 8. sichtlich 9. Umsichtiges 10. rücksichtsvolle 11. aussichtslos 12. absehbarer 13. sehenswert 14. aussichtsreich

M13 2. hartherziger 3. herziges (herzensgutes) 4. halbherzig 5. herzhaft 6. herzkrank 7. herzzerreißende 8. beherzte 9. offenherzig 10. herzensguter 11. herzloses 12. unbarmherzig